シン日本の神様入門

〔一書《あるふみ》に曰《いわ》く〕

小野寺S一貴

扶桑社

はじめに

世間の喧騒《けんそう》とは無縁にすら感じる、静謐《せいひつ》な空間がそこには広がっていた。

第10代崇神《すじん》天皇は、耳が痛くなるほどの静けさの中、御所で床《とこ》に就いた。夜が更け、いつもならば虫の鳴き声が子守歌のように優しい音色を奏でる刻である。しかし、その日は何かが違った。まるで人の目には見えぬ妖しい存在が、空間を支配しているかのようだった。静けさだけが水のように心の奥まで染み込んでくる。そんな、得も言われぬ感覚に襲われていた。心がざわついていた。

自分の御代《みよ》になってから疫病が大流行し、多くの民が犠牲になっている。何かに縋《すが》ろうにもその術を知らぬ。思いつくこと、やれることはすべてやり尽くした。あとはただ、神に祈るしかないというところにまで追い込まれていた。そして今夜もそんな心境で、床に体を横たえている。

まぶたを閉じる。どのくらい経ったのだろう、いつしか彼は吸い込まれるように眠りに落ちた。そう感じた。そして……。

まるで浮遊するようなふわふわする感覚を感じながら上半身を起こすと、彼はふと枕元を振り返る。そこには光があった。いや、光というほど眩しいわけでもない。しかしやわらかで優しい灯が確かにあり、何かが語りかけてくることは明白だった。それは、オオモノヌシを名乗る神の声だった。

「オオタタネコを見つけよ。そして、私を祀《まつ》るがいい。さすれば国も、また安らかになるであろう」

「オオタタネコ？　そ、それは一体どなたなのでしょう？」

声を上げた瞬間、そこにはまた暗闇と静けさが戻っていた。

……今のは……夢だったのだろうか……。

翌日から崇神天皇はその言葉に従い、オオタタネコとやらの捜索を行う。すると、河内の美努村《みののむら》で、その男を見つけることができたのである。聞けば彼は、オオモノヌシの子孫であることがわかり、そこで初めてあれは夢ではなく、神からのお告げであることを確信した。

そこからの行動は素早かった。オオタタネコを神主として、三輪山にオオモノヌシを祀ったところ疫病は鎮まり、天下は安らかに人民も大いに栄えたという。

崇神天皇の願いが、神様によって叶えられた瞬間だった。

同時にこれが、奈良県桜井市に鎮座する大神《おおみわ》神社の始まりでもある。

のっけから、何やら壮大なタイムスリップ感満載で始まったこの物語ですが、人と人に相性があるように、神様と人間にも相性があります。少なくとも、これまでの経験で、僕はそう感じています。

辛い時や苦しい時、そして何かを成し遂げたいと本気で願った時に、相性のいい神様が手を差し伸べてくれるもの。

崇神天皇の元にオオモノヌシが現れたように、あなたにも相性のいい神様が必ずいるはずです。

だって日本人は、みんな神様が好きだから。

「神様なんて信じない」と言う人でも、心のどこかで神頼みをしちゃうから。

困ったことがあると「誰かなんとかして」と何かに頼んだり、あてもなく祈ったりします。誰かに頼みごとをする時だって、自然と手を合わせて拝むポーズを取ってしまう。それが日本人。口では「オレは神様なんか信じないよ」と、否定しているのにね。

さあ、ここでちょっと提案です。

いくら否定はしても、結局何かに願ってしまうのなら。藁《わら》にも縋りたい時があるのなら。

いっそ好きな神様を見つけて、その願いを叶えてもらうのはいかがでしょうか？

日本には八百万《やおよろず》と称されるほど、数多《あまた》の神様がいらっしゃいます。その中には、今、この頁を読んでるあなたと相性がいい神様もちゃんといるのです。きっとお願いも叶えてくれるはず。

えっ？　それでも「うるさいわね。私は神様なんて信じないって言ってるでしょう？」なんて、おっしゃいます？　うーん、そうですか。ではそんなあなたには、アメノサグメはいかがでしょう。なぜならサグメさんは「あまのじゃく」のモデルにもなった、ヒールの女神ですから。最高神アマテラスが使者に向けて遣わしたキジを「あれは実に不吉な鳥でございます。すぐに射殺《いころ》すのがよろしいでしょう、うふふ」と、あろうことか使者本人に進言してそそのかし、本当にその通りにしてしまった魔性の女神です。

いやはや、そんな神様まで祀られているんだから、日本という国は摩訶不思議《まかふしぎ》、複雑怪奇で実におもしろい。

信じる信じないにかかわらず、せっかく日本という国に生まれ落ちたのです。こうなったら、この日本の神様ワールドを覗いてみるのも、また一興。結果はちゃんとついてくるから。

あ、もちろん外国の方でも大丈夫ですよ。むしろウェルカム大歓迎！なのが日本の神様。そう、神社の鳥居が常に開いているように、日本の神様はどんな人にもどんな時でもオープンなんです。優しくて頼もしい。

そうして神様ワールドに触れたら、好きな神様を見つけたら、何気ない日常が豊かになっていくことをお約束します。幸せとか、ありがたさとか、人の優しさとか、そういうことに気が付きやすくなります。

つまりは「幸せ」に近づく。生きている以上、やっぱり日々は幸せな方がいい。

この一冊で、きっとそれに近づくことができるでしょう。

何より、日本の神様の物語はとってもユニークでおもしろい。様々な発見をしながら、想像をしながら、あなたが好きな神様に出会ってください。恋の神様、愛の神様、お金の神様、お酒の神様、縁の神様、もしかしたらすぐそこに探している神様がいらっしゃるかもしれません。

これはもしかしたら、あなたの物語。

さあ、どんどんページをめくってください。

小野寺S一貴

シン日本の神様入門　一書《あるふみ》に曰く

第1章

日本人にとっての神様とは？

そこには静謐《せいひつ》とは言い難い、猥雑《わいざつ》としたムードがあった。

3LDK、ローン返済真っただ中のマンションの寝室。外からは酔っ払いがヤイノヤイノと上機嫌に騒ぐ声や、車の低いエンジン音が響く。そんな、静謐とはなんぞや？という空気の中、ベッドの隅でちんまりと体を折りたたみ寝る夫と、布団を蹴っ飛ばし手足を盛大に広げて眠る妻の姿。その足元には丸まっていびきをかく猫……。

そんな彼らに降る声があった。

「我を敬《うやま》い、祀るがいい」

そんな声も意に介さず、グーグー眠り続ける夫婦。

「おい、起きるがね」

グースカピー。ムニャムニャムニャ。

「おいこら、我がわざわざ神託を授けようというのだ。とっとと目を覚ますがね」

連呼される声に気付かぬまま、時は過ぎる。

どのくらい経っただろう。

バチン！

「イタッ！　ちょっと、何すんのよガガ！　そんな乱暴なことしなくても、声をかければいいじゃない」

額を引っぱたかれ、ムクッと起きて抗議の声を上げる妻。つられて僕も起き上がる。

「ふん、言ってもおまえが起きんからだがね！　ならば強硬手段に出るしかないではないか！　我だってこんな手荒なことはしたくはないがね！」

そんな調子で真夜中に叩き起こされた僕と妻のワカ。そして起こしたのは、龍神ガガである。ガガが続けた。

「まあ聞け。昨今の日本では、神様のことをよく知らん者が増えていて少し寂しいのだよ。せっかく数多の神様がいるのにもったいないと思うがね。多くの者に神様と共に日々を過ごしてほしいと願うのに、だ」

「それはいいんですが……こりゃまた、急ですねえ……ムニャムニャ」

僕は目をこすりながら言葉を返す。

「む。わかっとるがね。だがしかし、上からの命令だから仕方ないのだ！　我に、あの夫婦に神様の解説をさせろと今しがた命《めい》が下ったのだから、逆らうわけにはいかんのだよ、まったく！」

……なるほど、そういうことか。神様の采配はいつだって急なのだ。そして、これまで僕が学んできた、龍神と神様の関係性からしても、そのお達しには逆らえなかったというわけだろう。とはいえ、これはちょっとおもしろい。このヘンテコな龍神と共に、改めて神様の世界を知るのも悪くないと感じる自分がいた。

「やるかね？　やらんとは言わせんぞ？　やるよな？　やると言うがね、言ってくれ」

もはや強制、いや懇願《こんがん》である。

「やるわよ、仕方ないわね」

「もちろんやりますよ、おもしろいですもん」

僕とワカの声がそろった。

我が家では崇神天皇のようには、厳かには事は進まなそうだけど……やろう。

神様ガイドは日本人の大好きな**龍神**です

さあ、それでは日本の神様のお話を知るにあたって、改めて良き案内役を紹介しましょう。日本人がこよなく愛し、親しまれてきた龍神様……の中のこの方です。

「読者の諸君、こんにちはなのだ！　我は龍神ガガだがね！　はじめましての者もいるだろう。何卒よろしくお願いするがね」

ポップなノリで現れたこの龍神様、名をガガといいます。「ガーガーうるさいから、ガガ」と、僕の妻に安易に付けられた名前ですが、みんなに「ガガさん！」「ガガ様」と呼ばれるようになり、今ではすっかりお気に入りのようです。

ちなみに僕の名は小野寺《おのでら》S一貴《えすかずたか》。この本の著者で、ガガさんからはタカと呼ばれています。とはいえ、僕には龍神様の声は聞こえませんので、妻は見えるひとでした……という妻のワカさんを介してお話を紹介していこうと思います。そもそもガガさんは、妻を守ってくれている龍神様ですしね。しかし、仲介するくだりは進行の都合上割愛し「さも、僕が直接ガガさんと会話している」こととして、話を進めることをご理解頂けると幸いです。

そしてもう一柱《ひとはしら》、ガガさんの~~ややこしくてわかり辛い~~説明難しいお話を、とてもわかりやすく解説してくれる黒龍さんもご紹介します。彼はですねえ、昔は頭がとっても固く、融通もまったく利かなかったためにどんどん黒くなってしまったという、苦い過去を持つ龍神様なんですよ。僕とコンビを組むことになったのも、同じ境遇のダメダメな僕を救おうというお慈悲だったのかも？

そんな僕と妻のワカさん。それに龍神ガガに黒龍さんで、日本の神様の物語を紹介していきたいと思います。ぜひとも皆さんも一緒に、日本中にいる八百万の神々との出会いを楽しんでいきましょう。

というわけで、ここからはわかりやすく会話形式でお楽しみくださいませ。

「ところでガガさん。突然、龍神様が現れて神様の説明をすると言われても、きっと読者は戸惑うと思うんですよ。なので、龍神様と神様のそもそもの関わりから教えてもらえますかね？」

僕の率直な物言いに、ガガがフンと鼻を鳴らした。「おまえ、古事記研究者を名乗っているならそのくらい自分で説明せい」という感じである。そりゃそうだけど、ここはしがない人間の僕よりも、偉大な龍神様直々《じきじき》に説明があった方が読者も喜ぶというものだ。

「説明してやってよ、ガガ。大体タカよりもガガの方が映えるのはわかりきってるじゃん」

まどろっこしいことが嫌いなワカがサラリと言う。それに納得したのか、ガガは顎に手を当て、

「ふうむ、それもそうだな。確かにタカよりも我の方が美形で映えるがね。よろしい、我が詳しく説明しようではないか」

「そうそう、そうこなくっちゃ」

……。こんなふうに盛大にディスられ、不満げな僕を横目にどんどん話は進行していく。この様子から、僕たちの立ち位置を想像することは難しくないだろう。というわけで、ガガがまず教えてくれたのは、龍神と日本人の長い関わりについてだった。

龍神の起源は古く、なんと紀元前14世紀の中国（殷《いん》王朝の時代）まで遡るという。当時の甲骨文字にはすでに「龍」に相当する文字が発見されているというから驚きだ。しかも紀元前に成立したとされる中国最古の辞書「爾雅《じが》」を解説した「爾雅翼《じがよく》」には、「角は鹿に似、頭は駱駝《らくだ》に似、眼は鬼に似、首は蛇に似、腹は蜃《しん》に似、鱗は鯉に似、爪は鷹に似、掌は虎に似、耳は牛に似ている」と、書かれているらしい。その頃にはすでに、僕たちが想像する龍の姿が確立されていたと見てよさそうである。

「そんな我々が、大陸から日本にやってきたのは弥生時代といわれる頃だがね」

調べてみると、確かに弥生時代の土器に描かれた龍の絵が日本全国で80点以上確認されていることがわかった。また、2013年にも愛媛県今治市の新谷森ノ前遺跡から新たに二体の龍が描かれた壺が発見されている。ということは、だ。少なくとも弥生時代には、日本にも龍神が存在していたのだろうか？

僕の頭にひとつの疑問が生じる。

「あの、ガガさん。龍神がそんなに昔から存在するのであれば、日本の神様よりも古かったりするんですかね？　古事記や日本書紀が成立したのが奈良時代だから、ずっと以前から日本には龍神がいたことになるのでは……」

古事記の成立が712年、日本書紀が720年だから、ある意味日本では龍神の方が先住民族（？）だったのかもしれない。

「ほほう、よくそこに気付いたではないか。さよう、タカの言う通りだ。実際に、そのような伝承が残る神社も存在するがね」

そう言ってガガがニヤリと笑った。

「へえ、おもしろいわね。そういえば、私たちがガガに教えられて参拝に訪れた長野の戸隠《とがくし》神社もそうじゃん？　奥社の横に鎮座する九頭龍社は、日本の神々が祀られるよりずっと以前から住む地主神、九頭龍大神を祀ったものだと由緒書きにもあったし」

ワカの言葉通り、確かに信州戸隠山に鎮座する戸隠神社は、最高神アマテラスに関わる神々を祀っているが、九頭龍大神だけは別格で鎮座の年月すら不詳とされている。なるほど、龍神は日本の神々よりずっと昔から、僕たち日本人を見守ってくれていたわけだ。

余談だが、僕の産土《うぶすな》神社である気仙沼の五十鈴《いすず》神社も同じだった。主祀神《しゅさいじん》はアマテラスだが、それより以前には龍神社があったらしい。祀られているのはオオワタツミという海の神様だけど、彼の宮殿は龍宮とも称され、日本書紀には娘が出産する時に龍に姿を変えたと記されている。古来より地主神として龍神がいたと考えても、なんら不思議ではない。しかも神社のある岬の内部には鍾乳洞があり、その名はなんと「龍神窟《りゅうじんくつ》」。いやはや、僕が龍神を主役に神様の話を書くようになったのも、きっと神様や龍神様の掌の上でコロコロと転がされての結果なのかもしれない……。なんだか遊ばれてる気がするけどその結果、こんな生業をやっているのだとしたらハラも決まる。もうここまで来たなら転がりましょう、どこまでだってコロコロと。

とはいえ、龍神が日本人と深い繋がりがあると言われるのも納得だ。

「特に龍は古来より水を自在に操るとされ、『水神』とも称されてきた。政治の『治』は、河川を管理する治水の意味があると言われるほど重要で、政権を担う者にとっては最重要事項だったからな。そのため、支配者たちにとって龍の存在は特別なものであり、中国で王朝のシンボルになったのも必然というわけさ」

ガガが偉そうに胸を張る。

なぜ、龍神が神様の案内役なのですか？

しかし、疑問もある。僕は遠慮がちに手を挙げた。

「あの～、龍神が古くから日本にいることは理解しました。だけど、それと日本の神様を案内するのに何らかの関係があるんですかね？　古いからすべてに詳しいとは限らないと思うんですよ」

すると、そこで一陣の風が吹き抜けた。ジェントルマンなムードの声が響く。

「タカさん、ご安心を。それについては、私がご説明いたしますゆえ」

「あら、黒龍さんの登場ね」

「助かります。黒龍さんの説明はわかりやすいので！」

僕らはありがたや～と、手を合わせた。ガガの説明はわかりにくい、とは口が裂けても言わない。ガーガーうるさくなりそうだから……。

黒龍は、礼儀正しい口調で話し始めた。

「まず私たち龍神は、神様の使いとしての働きを主としております」

「はい、そう聞いています。それって神社で見かける獅子・狛犬など眷属《けんぞく》のような感じです

［龍神は、神様と人間を繋ぐ］

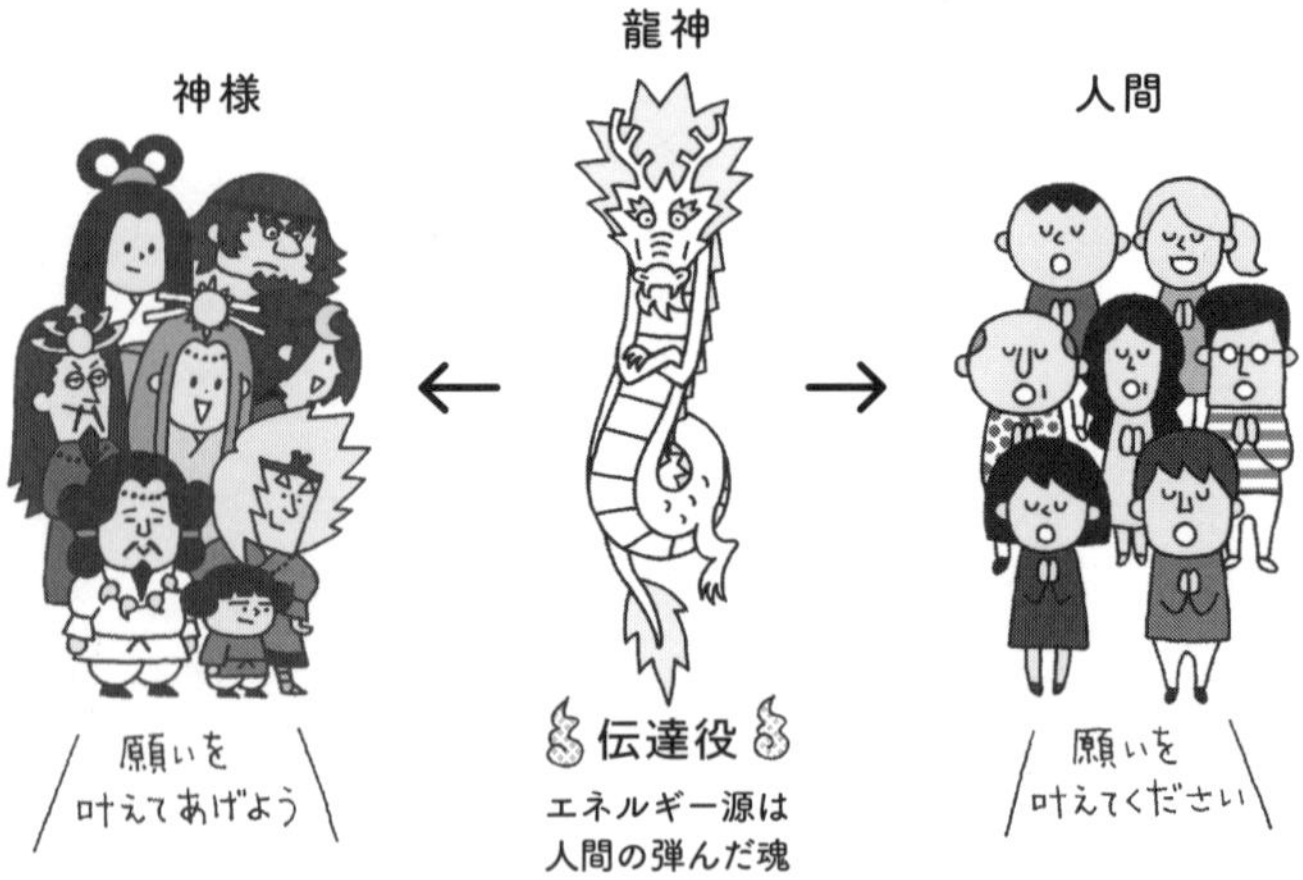

［龍神は神様と神様も繋ぐ］

神様と神様の間を繋ぐのも龍神の役目！
一人一人の願いに合った神様の元へネットワークを結びます！

例えば、ある人が「交通安全の神様」の神社で「縁結び」のお願いをしたとします。すると、龍神がその願いを「縁結びの神様」の元に届けます。

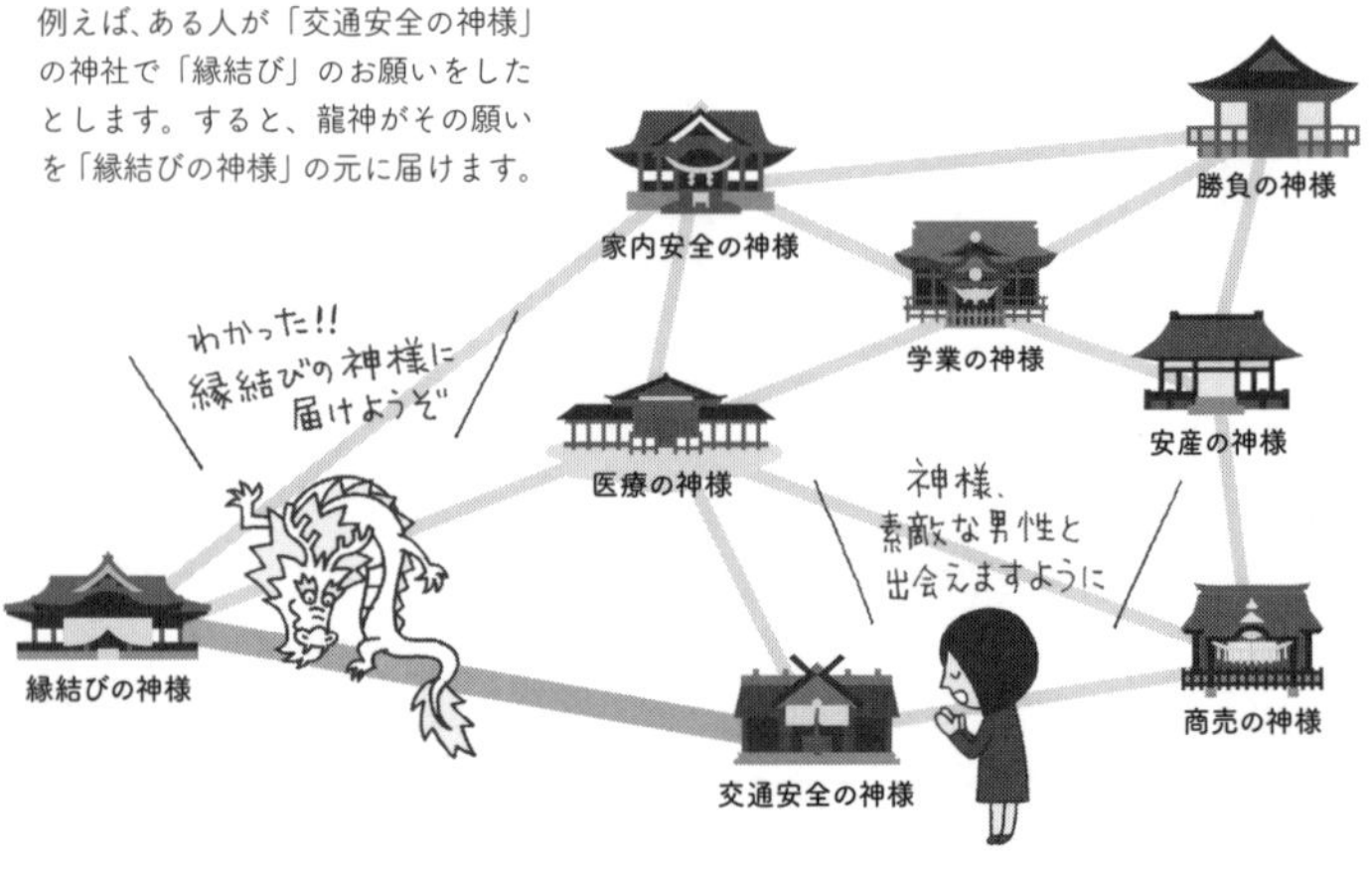

かね？」

「ええ、その通り。しかし彼らはその神社専属なのですよ。それに対し私たち龍神は、特定の神社には縛られずに神様と人間、神様と神様の間を自由自在に飛び回ることができます。情報伝達を請け負ったり願いを届けたり、時には神様の命を受けて人々の縁を結ぶ任務を担うこともございます」

「つまり、神様と私たちを結んでくれる仲介役ってこと？　そりゃ頼りになるわね」

ワカがフムフムと納得している。確かになんとも頼もしい。きっと昔から神様も日本人のことも見続けて熟知している龍神だから、その役目が担えるのだろう。

「すると神様にとっても人間にとっても、なくてはならない存在というわけですね。なるほど……」

まさに鬼に金棒ならぬ、神様に龍神。人間にも龍神である。そんな龍神様が案内役を務めてくれるのであれば僕たちも頼もしい。これで願いがスルスルと叶うようになるはずと、僕は内心ほくそ笑む。ご利益ご利益、うひひひ……。

すると、そんな僕の心の中を察したのか、黒龍が言い添えるのを忘れない。

「おっとタカさん、最後までよく聞いてくださいよ。願いは自らの力で叶えてこそ意味があることを、どうか忘れずに。私たちもそれを後押しすることしかできません。本人の頑張りがあるからこそ、神様も最大限の力を発揮してくださるのですよ」

「は、はい……」

邪心を見抜かれた僕は、叱られた子どものように背中を丸めて小さくなる。は、恥ずかしすぎる……。とはいえ、この黒龍の言葉でひとつ気付くことができた。

日本には、「人事を尽くして天命を待つ」という言葉がある。単純だけど、これこそが人間と神様の関係を明確に伝えるような言葉だと感じた。

心配ならば、今できることを精いっぱいやればいい。というか、人間ができることはそれしかないのである。そしてそれをやり切ったら、後は神様に委《ゆだ》ねて結果を待つ勇気を持てるかどうか。それが大事なんじゃないだろうか。

「私は最善を尽くしました」、そう言い切れれば、後は腹を括《くく》って神様に委ねられるはず。「でき得る限りのことはしました、どうか」と、後のことはすべて天にお任せする。

信念を持って後のことを委ねてくれる人を、神様はちゃんと応援してくれる。必ず力になってくれるだろう。

それなのにいつまでも、「どうしよう」「心配だ」「うまくいかなかったら……」と、ウジウジしてばかりでは、神様も力になろうとは思わないだろうな。うん、僕だったら思わない。だって、「ワシら、信用されてないんかい？　うっそー？」と、不信感が募るもの。

とはいっても、委ねたり信じたりするのは意外に簡単にいかないのもまた事実なわけで。一体どうすれば、より神様を信じ「天命を待つ」という心境に至れるのだろうか？　そこまで考えて、僕はふと気が付いた。

もしやその答えが「神様を知る」ということではないか。

人は相手を知ることで、親しみを感じる。そこに愛情が生まれ、やがて信頼へと繋がる気がするのだ。そんな僕の心の中を見透かすように、黒龍が再び口を開いた。

「例えば、タカさんが神社の神様だとしましょう。そこへやってきた参拝者が『どこのどなたか存じませんが、どうか願いを叶えてください』と言われるのと、『タカさんの本はとてもおもしろくて、いつもあっという間に読んでしまいます。読んでる時、幸せを感じます。続編も楽しみです。そんな私のお願いを聞いてくれますか？』と言われるのでは、心境がまったく違うでしょう？」

「そりゃあ全然違いますよ！　やっぱり自分のことを知ってくれて、好きでいてくれる人はものすごく嬉しいです。なんとか力になりたいと思いますよ」

「そうでしょう。その気持ちは神様も一緒なのです。やはり、自分のことを知ってくれている。そして選んで自分に会いに来てくれたと思えば、願いのひとつやふたつ叶えてあげたくなるのが情です」

「だとしたら神様って人間っぽいのね。素敵じゃない」

ワカの一言に、黒龍の目がキラリと光る。

「そう。神様と人間は一緒なのですよ」

感情と心。それが日本の神様のおもしろさ

「え、神様と人間が一緒？　同一ってことですか？」

僕は眉根を寄せて聞き返した。いやいや、そんなはずないだろう。だいたい神様というものはさ……、そこまで考えて「はて？」と首を傾げる。そもそも日本の神様は「八百万の神々」と言われている。太陽に月、海や山、花に岩などの自然はもとより、家や人間の生業にまで神様が宿るとされている国である。よく考えれば、そんな身の回りに無数にいる神様が、それぞれに個性を持っていないはずはない。

すると黒龍が、僕たちの疑問に答えるように話を進めていく。

「タカさんをはじめ、多くの方が勘違いしていることがあります。それが『ゴッド』と『神様』を同じだと考えている点です」

「え？　でも辞書を引いても、神様はゴッドって書かれているけど？」

ワカの反論に、黒龍さんは指を一本立てた。

「そもそも、それがボタンの掛け違えの始まりだったのです。日本を訪れたキリスト教の宣教師たちは、彼らの奉ずるGODを日本人にどう伝えるかで大変苦労しました。なぜなら彼

らにとってのＧＯＤは万物の創造主であり、完全無欠の存在だからです。一方、日本人にとっての神様は、万物に宿り私たちの身の回りにたくさんいる身近な存在です。ですがそこに『目に見えない』『畏れ多い』という共通項だけで、なんとなく会話が成り立ってしまいました。当時の日本人は『あー、神様ね』と、ＧＯＤを八百万の神々の一柱という認識をしてしまったのです」

「あらら。それじゃ、宣教師たちもおもしろくないわね」

頬に手を当てながら、ワカが呟いた。かつてカトリックの学校に通っていた彼女には、そのあたりの想像もしやすいのだろう。そういえば、よく教会に呼び出されては、シスターや神父に叱られていたと言っていた。

「しかし一番の違いは、日本の神様と人間との間には境界がないという点でしょう。同じ歴史上に息づいているという点です。日本人にとっての神話とされる『古事記』『日本書紀』は、いわば『昔話』と一緒なのです。外国では、ＧＯＤと人間は隔絶された存在ですが、日本は違います。その証拠に、同じ時系列の中に登場する存在だから自分の氏《うじ》（一族）のご先祖様ということで氏神様と言うでしょう？」

「うん、確かにそうだ！」、僕は思わず膝を打つ。今でこそ、氏神様はその周辺に住む人たちを守ってくれる神様という理解が一般的だけど、もともとはその土地に住む一族の祖先神《そせんしん》であるというのが起源なのだ。しかも、日本人はもともと神話のことを「古事《ふること》」とも言ったのだから、正真正銘の昔話というのも頷ける。

「外国の唯一神のように上から人間を見下ろすんじゃなく、常に身近で人間と共に事を成そうと頑張ってくれる。私はそんな日本の神様の方が温かくて好きよ」

ワカの率直な感想に僕も同意する。不完全なところもあるけれど、たくさんの仲間と手を携えて人々を守り、時に一緒に泣き、そして笑う。そんな神様を想像するだけで楽しい気持ちにさせるのも、日本の神様のなせる業ではないだろうか。興味は湧くばかりだ。

「日本の神様には、古事記や日本書紀を代表する物語がありますが、そこには自分に自信が持てず途方に暮れるオオクニヌシ。失敗を繰り返すイザナギ。都合が悪くなって引き籠もるアマテラス。困るたびにみんなで集まって知恵を出し合う八百万の神々など、人間と同じような悩みを背負いながらも、必死に生きている神様の様子が描かれています。そんな同じ感覚を持ち合わせている日本の神様だからこそ、皆さんの力になってくれるのですよ」

黒龍の言葉に僕たちは一層、神様のことを知りたいと思った。だって、すぐそこにいる存在なのだから。

祝詞《のりと》で近づく神様との距離

すっごくおもしろい！　ちょっと前のめりになる僕たち。すると、黒龍は「まあまあ、そう焦らずに」と、なだめるように言った。

「もうひとつだけお話しさせてください。神様とより近づくために、とても大事なことがあるのです。そうすれば運も良くなり、願いも叶いやすくなるのですが……」

そう言ってチラリとこちらに目線を送ってきた。うっひょー！　運が良くなると言われて聞かない手はない。

「はい、もちろんです！　教えてください」

と僕たちはそろって頭を下げる。目的のためなら頭くらいいくらでも下げましょう、というのが僕らだ。恥も外聞もありゃしないが、それで運が良くなるのであれば安いものである。

黒龍はそんな僕らに苦笑しつつも「ま、まあいいでしょう」と説明をしてくれる。

「おふたりは、祝詞をご存じですか？」

「のりと？　海苔と……何？」

いや妻よ、海苔じゃない。おむすび握るんじゃないんだから。僕はツナマヨが好きだけど。

「の、祝詞というと、神社などで神職の方が奏上するアレですよね？」

僕は神社でご祈祷してもらう時のことを思い出す。初詣や七五三などで神主さんが、かしこみかしこみ〜と、神前で奏上していた。特別な言葉のように感じたのを覚えている。

「そうです。実は神様のことを知ることで、祝詞を聞いたり唱えたりする時の効果がまるで違います。神様との距離を一層縮めることができるのです」

確かに神主が独特のリズムで奏上する祝詞には特別感がある。目には見えなくとも、神様の世界を体感できているような、そんな不思議な感覚になるのは僕だけではないだろう。とはいえ、その理由を問われて答えられる人は、そう多くはないと思う。

「理由は大きく分けてふたつ」

黒龍は指を二本立てて話を進める。

「ひとつ目は、祝詞が純粋な大和言葉《やまとことば》で作られているからです。大和言葉とは、古来の日本人が自然から入ってくる知恵の情報をそのまま言葉で表現したもの。つまり、肌で感じたことをそのまま『音』にしたのが大和言葉の原点なのです」

「ということは、『あ、い、う、え、お』と一音一音には、すべて意味が備えられているということですか？」

僕の疑問に黒龍が「その通りです」と頷いた。

「もっと言えば、日本人は自然の中に神様を見いだしてきましたから、その自然からの知恵の情報こそが……」

「なるほど。神様からのメッセージでもあるってことね」

ワカが言葉を引き継ぐように答える。なるほど、ならば霊力が宿るのは当然なわけだ。だって、神様そのものなのだから。

言われてみれば「A」「B」「C」……と続くアルファベットは、複数の文字の組み合わせで単語を形成して初めて意味を成すし、発音の仕方も変わる。けれど大和言葉の「あ」は、それ以外に読み方はない。「あ」は常に「あ」なのだ。だからこそ、その音には意味があり、それを組み合わせた祝詞には罪や穢れを祓うほどの力が宿るのだ。

「ふたつ目は、神様のことをより深く理解することができるからです。神社でご祈祷を受ける時に最初に奏上される『祓詞《はらえことば》』というものがございます。そこには、イザナギという神様が水で体を清めた時に、最高神アマテラスをはじめ、たくさんの神々をお生みになった様子が表現されております」

「そうか！　祝詞で表現されることの意味を知ることで、祝詞の奏上のたびに神様のことを思い出し、理解を深めることができるのですね。いわば神様語だ」

僕が言うと黒龍は、

「ええ、まさに神様語です。神様の物語を知り、祝詞で体感する。そうすれば皆さんの気持ちも神様と一体となることができるでしょう」

と、ニッコリ笑った。なんだか希望が湧いてきて、これだけで幸せだと僕は思った。

【祓詞】
掛けまくも畏き　伊邪那岐大神（かけまくもかしこき　いざなぎのおほかみ）
筑紫の日向の橘の小戸の阿波岐原に（つくしのひむかのたちばなのをどのあはぎはらに）
禊ぎ祓へ給ひし時に（みそぎはらへたまひしときに）
生り坐せる祓戸の大神等（なりませるはらへどのおほかみたち）
諸々の禍事・罪・穢有らむをば（もろもろのまがごとつみけがれあらむをば）
祓へ給ひ清め給へと（はらへたまひきよめたまへと）
白すことを聞こし召せと（まをすことをきこしめせと）
恐み恐みも白す（かしこみかしこみもまをす）

神様の物語を読んでから、この祝詞をもう一度読み返してみてください。声に出して唱えると、なおいいですよ。これからの神様ワールドが、大きく広がります。

また、物語では神様を「一人」「二人」ではなく、「一柱」「二柱」と数えています。これは日本人が神様を「人々を照らす一筋の光の柱」と捉えたから。それをご理解の上、この先の神様物語をお楽しみくださいませ。

第2章

神様のとんでも物語
～一書に曰く～

まず天と地が開けた

天地と書いて、あめつちと読む……。これは空と大地から始まる、壮大な物語。

古事記では「天地初めて発《ひら》けし時」の冒頭で、あっという間に天地が開けて、この世界がうごめきだします。そしてまず、アメノミナカヌシという神様が登場します。ちなみに日本書紀では、クニノトコタチという神様がファーストデビューだったとあります。

「え、資料によって違うの？　じゃあ先に現れたのは一体どっち？」という疑問もあるでしょうが、今なおわかっていないのです。だけど真実をひとつと定めないのが、日本の神様の神秘的でおもしろいところ。そもそも日本書紀では、「一書（あるふみ）に曰く」というくだりがあって、要は「こんな説もあるよ」という紹介まであるほどです。それにどちらも、宇宙の根源神として重要な役どころ。むしろ重要なのは古事記と日本書紀の両方とも、先に世界が現れているという点でしょう。

外国の一神教では始まりにGODがいて、この世界を作ったとされています。世界を作ったのだから完全無欠でなければ辻褄が合いません。完全な世界を作った存在が不完全では、その後の展開に支障をきたしてしまいますから。だけど日本の神様は世界ができた後に現れました。だからダメダメで未熟なところがあるのが当たり前で、その分はみんなで助け合って生きている。まさに人間と同じです。しかも完全無欠なGODには絶対にできない「成長する」という武器があり、それ故に物語の枝葉が広がっていきます。失敗の繰り返しなれど、七転八倒しながら仲間を集めてゴールを目指す、さながらロールプレイングゲームのようなドキドキ感があるんです。

代表的な書物は、第40代天武天皇が国家プロジェクトとして編纂を命じた古事記・日本書紀（いわゆる記紀神話《ききしんわ》）だけど、それに加えて地方の伝承を伝えた風土記《ふどき》などの記述も絡めながら、日本の神様の物語を楽しんでほしいなと思います。

というわけで、お話を進めましょう。

アメノミナカヌシは、登場と同時にサッとその身を隠してしまうのですが、その後に現れたタカミムスヒとカミムスヒの二柱と共に「造化の三神」と呼ばれ、今なお多くの神社で三柱そろって祀られています。

続いて、まだゆらゆらと漂っていた地上から芦《あし》が芽吹くように現れたのが、ウマシアシカビヒコジとアメノトコタチで、この二柱を加えた五柱の神様を「別天《ことあま》つ神《かみ》」と呼びます。

さあ、神様の登場はどんどん続きますよ。続いて現れたのがクニノトコタチとトヨクモノ。だけどここまで登場した神様はみんな、生まれてすぐに「我々、表にはあまり出たくないんですよ」とばかりに雲隠れしてしまう、とってもシャイな性質。ちなみに、ここまでの七柱はみんな男女の区別がありませんでした。今の言葉で言うと、まさにジェンダーレス！

そして、ここからついに男と女それぞれの性を持つ神様が5組、続々と誕生するわけですが、この5組の男女神と、クニノトコタチ、トヨクモノを総称して「神世七代《かみよななよ》」と言います。

わかりやすく書くとこんな感じ。

アメノミナカヌシ
タカミムスヒ
カミムスヒ
↔ 造化の三神

ウマシアシカビヒコジ
アメノトコタチ
↔ 別天つ神（アメノミナカヌシ～アメノトコタチ）

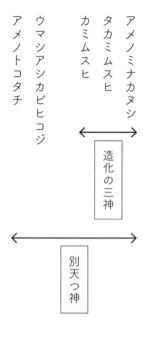

クニノトコタチ
トヨクモノ
（男女神5柱）
ウイチジ・スイジニ
ツノグイ・イクグイ
オオトノジ・オオトノベ
オモダル・アヤカシコネ
イザナギ・イザナミ

神世七代

とはいえ、ここまでは最初に続々と生まれた神々なのね、くらいザックリと見てもらえばOK。重要なのは、最後に登場したカップルです。そう、今後の神様物語の原点となるべき夫婦神、イザナギとイザナミ。神様のことをあまり知らない方でも、イザナギとイザナミというワードはどこかで耳にしたことがあるんじゃないかなと思います。

ここからは、この夫婦神が生み出した神々が、物語を紡いでいくことになります。

イザナギ＆イザナミ
「私たち結婚しました」で済めばよかったけど

このように生まれたイザナギとイザナミ。今では「万物を生み出した偉大なる夫婦神」と称される神様ですが、この時点では最後に生まれた末っ子たちです。先輩の神々に、

「まあその、なんだ。あんたたちにこの国土を、固め整えてほしいんだけど。いい？」

なんて言われれば、従わないわけにはいきませんよね。できるかなあと思いつつも、「やってみるか」というわけで、二柱は国土を固めるための天《あめ》の沼矛《ぬぼこ》を受け取りました。そして早速、天空に浮かぶ橋（天《あま》

の浮橋《うきはし》）へ向かいます。ここからは下界の様子がよーく見えるからです。そこから下を覗き込みますと、やはり国土はまだどろどろしていて、どうしようもない感じがしました。固まっていないにもほどがあります。

そこで試しに矛《ほこ》を差し下ろして「こをろ。こをろ」とかき回してみたところ、引き上げた矛の先からポタリと、一滴の潮が滴り落ちました。その潮が固まって島ができたのです。これが日本初の国土と言われる淤能碁呂島《おのごろじま》で、一説には淡路島の南に浮かぶ「沼島」がそれという伝説もあります。そうして二柱は、その島の上へ降り立って結婚。記念すべき日本最初の夫婦が誕生しました。

さて、新婚初夜と聞けばそりゃまぁチョメチョメ……いや、まぐわいの話になるのは仕方ありません。妻のイザナギが夫を誘い、無事に結ばれたのですが、その時のまぐわいで生まれたのは後にヒルコとも呼ばれる骨のない不完全な子どもでした。

「あら、あなた。困ったわ。この子、骨がなくてグニャグニャなの」とイザナミが、「本当だ。なんだかイメージと違うなあ」と、イザナギが言ったかどうかはわかりませんが、それを嘆いた二柱はなんと、芦の舟に乗せて流してしまったのです（なんてことを！）。

ですがこの子どもは後に「福の神」となり、今では兵庫県の西宮神社で祀られる、えびす様の起源となりました。七福神で唯一の日本発祥の神様は、このように生まれたんですねえ（えびす様の誕生にはもうひとつの系統もありますが、それは後の話で）。

ここで二柱は悩んでしまいます。

「どうしてあれほど不完全な子どもが生まれたのか？」と。

高天原《たかまがはら》に住む先輩の神々に相談したところ、

「えーとなになに？　妻から夫を誘ったわけね？　ああ、原因はきっとそれだわな。どうもチョメチョメ……いや、こういうことは男（イザナギ）から誘う方がうまくいくらしいんだよ。やってみ」

と、昔ながらの助言をもらいます。その言葉に従い再びニャンニャンとまぐわって生まれたのが、今の日本の国土を形成する島々でした。具体的には最初に淡路島が生まれ、次に四国、隠岐の島、九州、壱岐の島、対馬、佐渡の島です。そして、最後に大きな本州が生まれて、この八つの島を総称して、大八洲《おおやしま》と呼ばれるようになりました。その後も小さな島々を生み出して無事に国を生み終えることができたのです。

こうして国土を生み出したイザナギとイザナミは続けて、今度は神様を生み出すことにしました。国の後は神様です。こういっちゃなんですが、仕事は調子よくできる時にやってしまうに限ります。

そうやって最初の神様であるオオコトオシオをはじめとして、神生みは順調に進み、家を守る家宅六神が生まれ、海の神様であるオオワタツミや、山の神様オオヤマツミ、それに風の神様シナツヒコ、木の神様ククノチなど、その後に重要な役割を果たす神々もここで生まれました。ちなみにシナツヒコは、元寇《げんこう》（モンゴル帝国の来襲）の際に神風を吹かせて日本を守った神様として、今なお伊勢神宮内宮の風日祈宮《かざひのみのみや》、外宮の風宮《かぜのみや》に祀られています。このように自然に宿る神様の多くは、この時に生まれたと言っても過言ではありません。

ところがところが、「好事魔多し」は神様の世界にもあるのか、順調に進んでいたかに見えた神生みの途中で大事件が起きちゃうのです。それは、火の神様であるヒノカグツチを生んだ時のこと。燃え盛る我が子の炎に焼かれて、母イザナミは大火傷を負いました。半死半生のイザナミ、生まれ落ちてオギャーと激しい鳴き声を上げる火の神ヒノカグツチ。そんな状況でも神を生むのを決してやめなかったのは、死を悟った者の執念か。

床に伏せながら苦しむイザナミの嘔吐物からは、鍛冶《かじ》の神様カナヤマヒコとカナヤマヒメが生まれ、排泄物からは土の神であり埴輪《はにわ》のモデルにもなったハニヤスヒコとハニヤスヒメが。そして尿からは、水の神ミズハノメと穀物の神ワクムスビが生まれました。ちなみにワクムスビは、後に伊勢神宮外宮に祀られるトヨウケを生むことが、この時点で古事記に記述されています。これは後世で、最高神アマテラスの食事係という重要な役割を担う女神が登場することへの伏線とも言えるでしょう。

そうして死の間際まで壮絶に神様を生み出し続けたイザナミでしたが、その命もついに尽きる時が。「まさか神様も死ぬんかい？」という疑問は言いっこなし。なぜなら日本の神様の世界には、黄泉《よみ》の国というものがちゃんと存在するからです。なのでイザナミも、死後は黄泉の国へ行くわけですね。

ところがところが、問題は夫のイザナギでありました。愛する妻を亡くした悲しみは深く、妻がいないと男はダメっていうのは人間も神様も一緒かも（少なくとも僕はそう）。彼は大いに嘆き悲しんだ挙げ句に、

「ううう。お、おのれヒノカグツチ！　我が子といえども許さんぞ、覚悟しろー！」

と、あろうことか十拳《とつか》の剣《つるぎ》で我が子ヒノカグツチの首を切り落としてしまったのです。まさに日本初の殺人事件、いや殺神事件の勃発がここに。しかも子殺しですよ、えらいこっちゃ。

その時に岩に飛び散ったヒノカグツチの血からはまた新たに八柱の神様が生まれ、死体か

らも八柱の神様が誕生したというから、イザナミの執念が我が子にまで、とも言える出来事です。しかもその中には、国譲り神話で大きな役割を果たす鹿島神宮の神様、タケミカヅチや、貴船神社に祀られるクラオカミも含まれているのがすごい。ちなみに、オカミ（龗）とは龍の古語であり、これが日本初の龍神誕生の瞬間とも言えるでしょう。

しかもです。ここで終わればいいものをイザナギの暴走は続きます。なんと亡き妻を追いかけて、黄泉の国まで行っちゃったのです（そっちはもう違う世界なのに。諦めが悪いぞ、イザナギ！）。そして、

「愛しき妻よ。僕はキミがいないとダメなんだ。どうか戻ってきておくれ」

と懇願。妻イザナミは、なんとか夫の願いを叶えてやりたいと、黄泉の国の神々に相談に行きました。ま、本当はダメなんだけど、縋る夫が愛しかったのでしょう。ダメもとでもなんとか、という思いだったんでしょうね。「わかったわ、なんとかならないか頼んでみます。だけどお願いよ。その間は決して私のことを見ないでね、あなた」と言い残して、神々の御殿へ姿を消しました。

決して見ないで、絶対よ……。出ましたよ、この手の話が。大体ね、「見るな」と言われると見たくなるんですよ。もうこれは本能です、見ないで済むわけありません。で、イザナ

ギもその例に漏れずに、そーっと覗いてしまうのです。

そしてそこで目にしたのは、衝撃の場面でした。身は崩れ蛆《うじ》が湧き、八柱の雷神が取り巻く、すでに黄泉の国の住人へと姿を変えてしまった妻の姿……。イザナギはショックを受けます。美しかった妻が、あれほど醜い姿に。怖い、怖すぎる……こんなところにはいられない、逃げたい！　そしてなんと、本当に一目散に逃げ出してしまったのです。自分で勝手に行ったのに、自己中すぎる気がするのは僕だけではないでしょう。だってそうなると、夫の元へ戻れるように、神々に相談していた妻の立場がないじゃありませんか。

「だから見るなって言ったじゃないの、ひどいわあなた！」。怒り狂ったイザナミは、醜女《しこめ》や雷神など黄泉の国の軍団を次々に派遣して、逃げた夫を取っ捕まえようとします。そうはいくかよ、絶対に逃げ切ってやるとイザナギも必死です。走りながら醜女には山ぶどうや竹の子を投げつけ、雷神には聖なる桃の実を投げることで撃退。必死の思いでドでかい岩で道を塞ぐのに成功、岩のこっち側とあっち側に隔てられます。そこで最後の会話を交わすのですが、なんといっても日本で最初に愛し合った夫婦です。果たしてどんな感動的な会話がされたのかと期待した人にはスミマセン。それは神様ゆえに壮大で、また人間くさく、今の世にまで残る会話となったのでした。

「愛しかった夫、私を辱《はずかし》めてただで済むと思っているの？　この報いに、私があなたの国の人々を一日に1000人殺してあげましょう。後悔しても遅いわよ」

と言う妻に、

「もしもキミがそんなことをするならば、僕は一日に1500の子どもを誕生させてやるさ」

この夫婦最後の会話によって、人は死に、そして生まれることが決まったのです。まさか世の理《ことわり》が、夫婦喧嘩の末の捨て台詞から生まれたとは、あな恐ろしや……。

そしてこのシーン、大岩で隔てられた二柱の会話を仲介したのが、白山信仰の神様として全国の白山神社に祀られるククリヒメであったと日本書紀の「一書に曰く」に記されています。怒り狂った夫婦でも、お互いの意見をちゃんと仲介しちゃうんだから、調和を図り縁を繋ぐ神様とされるのも納得です。

さて、命からがら地上世界へ戻ってきたイザナギ。

「ブルブルブル……ヤバい場所って本当にあるんだな、ビックリだよ。僕はほんとおっかねえ世界に行っちまった。もうこりごりだ。ああ、そうだ。あんなアウトローな世界に行った

から穢れちゃったかもしれない。やだやだ、体を洗わないと。お清めしよ、お清め」

そう言うと、ザバザバと水に入っていき、汚れを落とすことにしました。

まず着ていた衣服を河原に投げ捨てるのですが、そのたびに新たな神々が生まれます（さすが神様）。その数は十二柱にもなりました。その後も、水の底で身をすすいだ時に生まれたソコツツノオ、水の中ですすいだ時に生まれたナカツツノオ、水の上ですすいだ時に生まれたウワツツノオの三柱の神様がハロー♪と誕生。これが「すみよっさん」の相性でも有名な、住吉三神です。

そしてついにこの時がやってきました。

左目を洗った時にアマテラスが。

右目を洗った時にツクヨミが。

鼻を洗った時にスサノオが生まれたのです。

イザナミはこの三柱にそれぞれ高天原、夜の世界、海原を治めるよう役割を与え、その後の物語の主役となっていくのです。

子を殺し、妻を裏切り、黄泉の国から逃げ出してきたイザナギ。初めて古事記を手にした人の多くを「あのー、これって本当に神様ですか？」と戸惑わせるほどに失敗だらけのイザナギが、ここでついに「三貴神」と呼ばれる神々を生み出し、偉大なる祖神《おやがみ》となった瞬間です。

はい、拍手～。パチパチパチパチ。

アマテラスとスサノオ、姉と弟の空回りの果てに

イザナギが生んだアマテラス、ツクヨミ、スサノオ。それぞれ役割を与えられた三貴神でしたが、ここでもひと悶着あるのが日本の神様のエンタメ素質満載なところ。アマテラスとツクヨミは自分に与えられた役割を果たしていましたが、スサノオだけは自分の仕事である海原を守る役目を放棄し、何もしません。それどころか、髭《ひげ》も髪もボサボサにして、毎日ワンワン泣きわめいている始末です。

「なあ、スサノオや。おまえね、仕事はしないわ泣いてばかりいるわ、それじゃちょっと親としても困るから、何を考えているかだけでも聞かせてくれないか？」

見るに見かねた父イザナギがそう聞けば、

「うわーん。私はイザナミ母ちゃんが恋しいのです。母ちゃんに会いたいよぅ。どうか私を亡き母のいる根之堅洲国《ねのかたすくに》へ行かせてください」と、懇願してきたではありませんか。

ちなみに、ここではイザナミが住んでいる場所が根之堅洲国とされているけれど、古事記によれば黄泉の国と根之堅洲国は、どちらも黄泉平坂《よもつひらさか》を通っていくことがわかるので、同じ場所にある国か、もしくは同国だと推測されます。

ガビーン……。イザナギはスサノオの言葉に青ざめました。

なぜって、まさに自分が妻を追いかけて行ったのと同じことを息子がしようとしているのだから。血は争えないのか、男にとって妻や母はやはり恋しきものなのか。とはいえイザナギには恐ろしい姿に変わり果てた妻を見て震え上がって逃げ帰るという、恥ずかしく情けない、そしてトラウマ級の恐ろしい過去を思い起こすには十分でした。そんな自分を彷彿とさせる息子の言動に、もしかしたら怒りの感情が湧いてきたのかもしれません。思わず口を突いて出た言葉は、

「そ、そんなマザコンにおまえを育てた覚えはないぞ！　この甘ったれめ！　おまえのような神はさっさとこの国から出ていけー！」

でした。まあ、イザナギ本人もバツが悪かったんでしょうね。その後すぐに、近江の多賀にそそくさと隠居してしまいましたから。

さてさて、そうなると問題はスサノオです。通常ならば父親に激怒されて、落ち込んでもおかしくない状況ですが、そこはやはり偉大な神様としての素質か、ただの空気の読めなさか。

「なんと父ちゃん、よろしいのですか？　やったー、これで堂々とお母ちゃんに会いに行け

ます。では、いざ！　お母ちゃーん」

と、むしろ母に会いに行く許可が出たと大はしゃぎ。

「だけどアレだな。別の国に行くから、やっぱりアマテラス姉ちゃんにだけは別れの挨拶をしていこう。うん、そうしよう。それがスジってもんだろう」と早速、姉の住む高天原へ向かい、別れの挨拶をすることにします。

しかし、あまりにも嬉しくてスキップでもしていたんでしょうか。スサノオが近づくにつれてその足音がズシズシと地鳴りのように響き渡り、高天原はまるで大地震。「一体全体何事か!?」と、蜂の巣をつついたような大騒ぎ。当のアマテラス自身も、

「なんですって？　スサノオがこっちに向かっている？　ちょっとあの子、一体何をしに来るのよ？　やだ、どうしよう。それにしてもいつも勝手なんだから、スサノオは。なんか、めっちゃ腹立ってきたわ」

三貴神と言われながらも、高天原を担当する重責を担いながら八百万の神々を統率してきた自分に対して、与えられた役目もろくに果たさない弟へのいら立ちが沸々と湧き上がってきます。そもそももう一人の弟のツクヨミだって、夜の世界をちゃんと統率しているのか怪しいもの。してたとしても、自分くらい一生懸命はやってないんじゃないかしら。私はこん

なに頑張っているのに、弟たちったら好き勝手して！　そんな妄想で、日頃のイライラを抑えられなくなったのかもしれません。

「スサノオめ、まさか『やっぱり高天原を守りたいから代わっておくれよ』なんて、勝手なことを抜かすんじゃないでしょうね？」

不安が猜疑心を呼び覚まし、アマテラスはどうしてもそう思ってしまうのでした。

姉を舐めるんじゃないわよ。アンタに高天原は譲らない。こうなったら迎え撃つしかないと、素早く戦闘態勢を整えると、まさかの完全武装で弟を迎えたのです。弓を引くアマテラス！　驚いたのはスサノオです。ただ別れの挨拶に来ただけなのに、高天原では戦闘モード。姉に弓矢で狙われているのですから。

「ね、姉ちゃん、誤解ですってば。私は本当に、別れの挨拶に来ただけで」

と必死に訴えるも、まるで信じてもらえません。困ったスサノオは意を決して、宣言します。

「では、誓約《うけい》をしてください。それで私の潔白を証明いたします」と。

誓約とは、その判断を神様に聞く占いのこと。神様が神様に聞くというのもおもしろいですが、これまた不完全な日本の神様らしい部分です。そんなわけで、二柱が行ったのが、お互いの持ち物から神様を生み出し、その結果をもって判断しようというものでした。

まず、アマテラスがスサノオの十拳《とつか》の剣を受け取り、噛み砕きます。そして、ふうーっと吹き出した霧の中から生まれたのが、タギリヒメ、イチキシマヒメ、タキツヒメという三姉妹の美しい女神でした。ご存じ、宗像大社に祀られる宗像三女神です。

続いて、スサノオがアマテラスの八尺《やさか》の勾玉《まがたま》をこれまたバリバリ噛み砕き、同じく吹き出した霧の中からアメノオシホミミ、アメノホヒ、アマツヒコネ、イクツヒコネ、クマノクスビという五柱の神様が誕生しました。

これをお互いが確認するとスサノオが、

「アマテラス姉ちゃん、いかがでしょう？　私の剣からこんなにも美しい女神が生まれたのだから、これはもう私の勝ちだと思いませんか！　きれいでピュアな心を持つ私だからこそ、こーんなに可愛い女神が生まれたのです」

と、高らかに宣言。ちょっと無茶な気はしますが、言ったもん勝ちということでしょうね。アマテラスも渋々納得するのです。まあ、実際は挨拶に来ただけだし、身の潔白が証明されてよかったね済むはずだったのですが、スサノオという男はそう簡単には終わりません。

「ほーら、やっぱり私の言った通りだろう？　みんな私を信じればよいのだ」と、図に乗ってしまったのです。まったくもう。

お山の大将状態になった彼は、高天原に上陸すると田んぼのあぜ道を壊して溝を埋めたり、アマテラスの御殿では糞《くそ》を撒き散らすなど、まあやりたい放題の大暴れ。高天原も大困惑です。アマテラスもそこで姉としてビシッと叱ればよかったのですが、弟を疑った罪悪感からなのか、それを咎《とが》めることができませんでした。それどころか、

「きっとね……弟は田んぼを広げようとしてくれたんじゃないかしら」

「糞はまあ、酔っぱらって吐いちゃうようなものでしょう。厠《かわや》が遠かったんだわ、ほら、高天原は広いから」

なんてかばう始末。

そうなると人間の世界も神様の世界も一緒です。上がしっかりしないと絶対ダメ。スサノオの悪行はどんどんエスカレートし、ついに衣を織る忌服屋《いみはたや》に皮を剥いだ馬を投げ込むというとんでもない悪さをし、中で衣を織っていた女神を「ヒエー!」とショック死させてしまったのです。

さあさあ大変。ついに死者まで出たとなると、そう簡単には収まりません。こういう時こそ最高神の腕の見せどころでしょう。なんとかしてください、アマテラスさま! 八百万の

神々が固唾を呑んで見守る中、彼女の取った行動は……、

「もうやだ！　なんでみんな私にばっかり頼るのよ！　やってられないわ、うわーん」

な、なんと。この件を投げ出して、天の岩屋の戸の中に閉じ籠もってしまったのです。

とまあ、これがかの有名な「天岩屋戸神話《あまのいわやどしんわ》」のきっかけになったのでした。


しかし頼りないアマテラスとはいえ、太陽を司る最高神であることには変わりなし。岩屋戸に隠れてしまうと、世界から光がスッと消えてしまいました。しかも高天原だけでなく、地上にある葦原中国《あしはらのなかつくに》も真っ暗だというから、その影響力は相当なもの。

そうなれば世は黒い闇。悪い神々が蠢きだし、災いが起き始めるのは今昔同じといえましょう。困った神々は急遽、天の安の河原に集まって協議することに。そこに集まった神々のリーダーが、タカミムスヒの子どもである智恵の神様オモイカネでした。彼の立案で一計を案じ、「アマテラスを外に誘い出す作戦」を決行することに決まります。

イソップ寓話「北風と太陽」のような感じでしょうか。無理やり引きずり出すよりも、自分で出るように誘うのが有効というのは、世界各国でナイスな手法のようです。

まずフトダマが八咫《やた》の鏡と八尺の勾玉を用意して、白と青の幣《ぬさ》と共に榊の木にきれいに飾

り付ける。そして得意の占いをしてからこの榊を捧げ持つと、こんどは声自慢のアメノコヤネが祝詞を奏上して宴の始まりです。高天原の踊り子、アメノウズメがタンタターンとリズムよくステップを踏み始めると、神々も楽しげに騒ぎだします。

「やはりウズメのダンスはカッコいいな、しかもいい感じに色っぽいぜ」

「さすがはエンタメ女王だよ。一見の価値ありだ、ヒューヒュー！」

　そんな会話を交わしながら、酒が進む神々。

　やがて太鼓に笛の音が加わると、神々のボルテージもいい感じに上がります。今の世界で言えば、YOASOBIの「アイドル」なんかでしょうか？　曲がアップテンポになってくると神々のテンションは最高潮！　ステージ上のアメノウズメも、もうノリノリ。アマテラスを誘い出す作戦で一肌脱ぐ役だからなのか、それともゾーンに入ったからか、オッパイ出してまだまだイケるわよ、うっふーんと踊り狂うのです（えー、古事記にそう書いてあるんですよ、オホン）。それを見た神々が歓声を上げ、ウズメブラボーと盛り上がった時でした！

外がやけに賑やかなことに気付いたアマテラスが、そっと戸を小さく開けたのです。

「！」

神々に緊張が走ります。

「ちょっと……さっきから妙に賑やかなんだけど、私がいなくてみんな寂しくないの？　困ってないの？　ってか、どうしてこんな時に笑えるわけ？」

その問いかけに答えたのは、宴の主役のアメノウズメでした。乱れた息を整えながら、

「ああアマテラスさま、久方ぶりでございます。実はあなたさまよりも貴《とうと》い神様が現れて、先ほどこの世に光が戻ったので、それを皆で喜び祝っていたのです。ねえ、みんな？」

その言葉と同時に、アメノコヤネとフトダマがアマテラスの顔の前に飾り付けた鏡をサッと差し出しました。その瞬間、アマテラスは鏡の中の自分の姿に驚き、目を大きく見開きます。

「ちょ、こんな貴い神様がいるなんて聞いてないわよ……あんた、誰？　一体何者？」

　聞く人が聞けば、自画自賛しているかのようなセリフも、アマテラスが神々しいが故のことでしょう。そのまま「どんなヤツか確かめなければ」とばかりに身を乗り出した瞬間、戸の脇にそっと隠れていた力持ちのアメノタヂカラオがアマテラスの腕を握りました。そうして一気に外へ引き出したのです。やった！　同時にフトダマが素早く注連縄《しめなわ》を張ると、

「アマテラスさま！　引き籠もりは終わりです。もうこの中へは入れませんぞ。我々にはあなたさまが必要なのです」

　と、両手を広げて宣言しました。世界に

光が戻った瞬間です。太陽や光がないと、みんな苦しいですもんね。いやー、よかったよかった。

しかしここで解決しなければいけないのが、問題児スサノオの処遇でした。そもそもアマテラス引き籠もり事件の発端をつくったのはスサノオ。これだけの事態を引き起こした以上、高天原には置いてはおけず追い出すことになりました。おーい、追い出すだけでいいんかい？と思いますが、とりあえず髭と手足の爪を切って力を削いで、地上にある葦原中国へと無責任にも追放しちゃいます。

と、ここで少々おさらいを。神様ワールドにも様々な国や地域があることがわかりますので、簡単に図解しておきましょう。ここでは高天原に由来する神々を天つ神、葦原中国に由来する神様を国つ神と言います。ちなみにスサノオの場合は、高天原を追放された時点で国つ神になりました。

というわけで、話を進めましょう。

そんなこんなで、父に「出ていけ」と言われ、姉にも突き放されてしまったスサノオでし

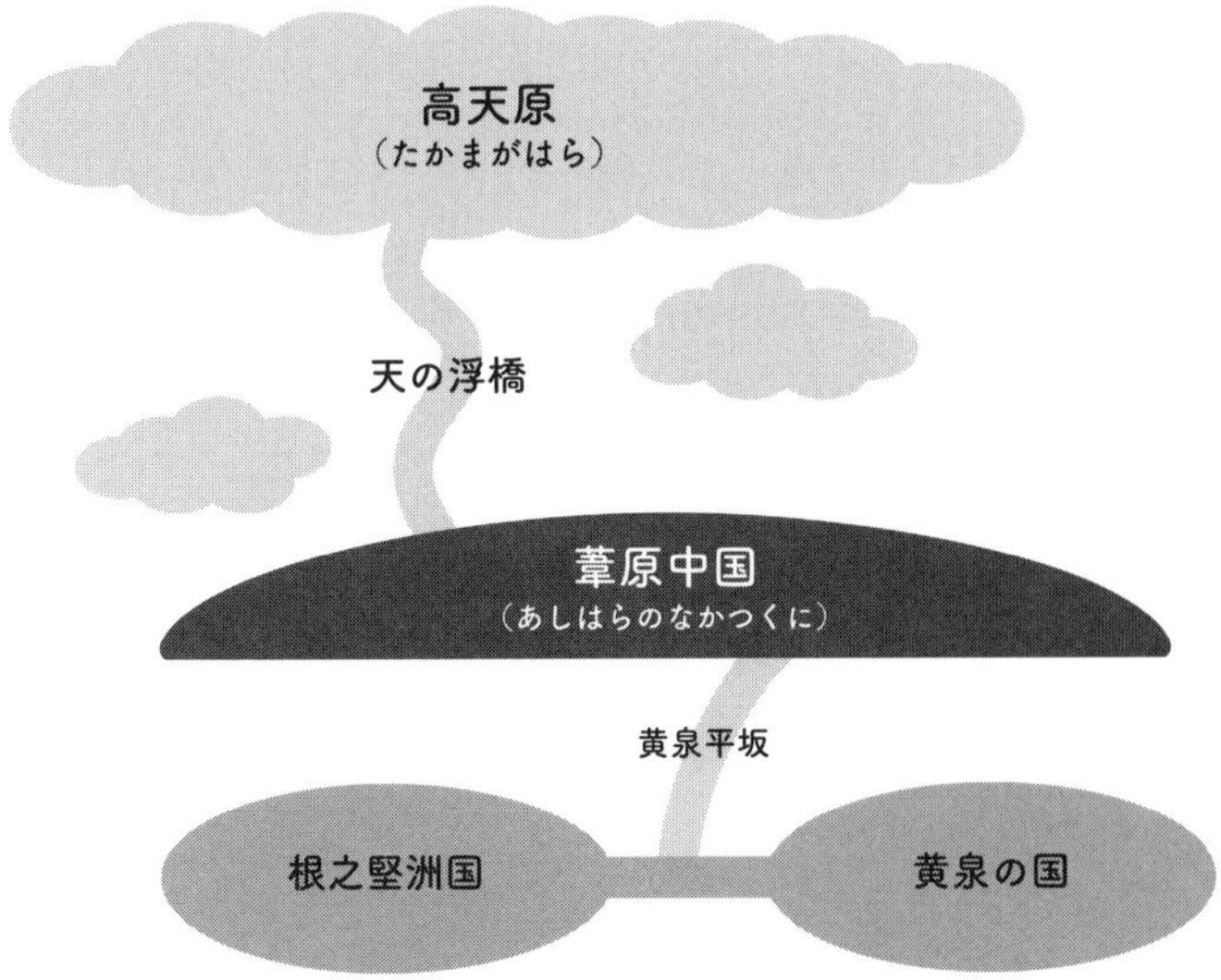

たが、空気の読めなさぶりは相変わらず。

追放先でウロウロしながら空腹になれば、食物の女神であるオオゲツヒメを呼び寄せて、

「あのさ、腹減ったから何か旨いもん頼むわ」

と、食堂で注文でもするように言い付けるも、「お安い御用ですわ」と快く引き受けた彼女が鼻や口、そして尻からも様々なご馳走を取り出すのを見て大激怒。

「うっわ、おまえ無礼だぞ！　私にそんなばっちいもんを食わせる気か。おのれ許さん！」と、即座に殺してしまいました。

しかし、倒れたオオゲツヒメの体から、穀物がどんどん生み出されていることに気

が付くと、

「なんと、こいつはヤバいことをした。まさか彼女は五穀の神であったのか……」

と、自分の早とちりに後悔する始末。この事件はお上のカミムスヒに見つかり大目玉。罰として代わりに穀物の管理を引き受けることになったとか。スサノオに五穀豊穣のご利益があるのは、このやらかしがキッカケだったんですねえ。

だけど実はこの逸話。日本書紀ではツクヨミであるとされていて、食物の神を殺したことでアマテラスが激怒し、「おまえはなんと悪しき神なのだ、私のそばに寄るな」と彼を遠ざけ、太陽のアマテラスと月のツクヨミが昼と夜に分かれたとあるんです。スサノオにしろ、ツクヨミにしろ、この三貴神には荒ぶる側面があったのは間違いないでしょう。

さて。そんな問題児スサノオですが、ある出会いがきっかけで少しずつ情勢が変わり始めます。今からするのは、あの有名な「八岐大蛇《やまたのおろち》退治」のお話。

「あーあ、一人ぼっちは寂しいものだな。誰かに会いたい」

と川沿いを歩いていると、おじいさんとおばあさんが、若い女性を挟んでハラハラと泣いている場面に出くわします。

「どうしたどうした、何事か？」。事情が知りたいスサノオ。聞けば、山の神オオヤマツミの子で名はアシナヅチとテナヅチ、そしてその娘のクシナダヒメというようです。

「で、３人ともどうして泣いているのだ？　オバケでも出るのか？」

スサノオの質問に彼らは、

「いえいえ、オバケよりももっと恐ろしいものがあるのです。それは八岐大蛇と言いまして、そいつに娘が食べられてしまうのです。これまでも毎年一人ずつ食べられて、ついに今夜、最後の一人まで……よよよ」と、涙で袖を濡らして嘆き悲しんでいます。スサノオは腕を組んで「そうか、そいつはエライことだな。うーむ」となり、ふと娘の方へ目をやりました。

「！」

なんと可憐な娘なことか。胸が高鳴ります。なんだ、この気持ちは？　このトキメキはなんだというのだ、おかしい、おかしいぞ。自分の心の変化に戸惑うという予測不能の展開です。あれだけ好き放題していたスサノオが、突如出会った娘に抗えぬほどに心を奪われた瞬間でした。もうこの気持ちは止まりません。

「じいさんばあさん、あんたらの娘を私にくれぬか？　いかがか？　いやー、なんか今、この辺がキュンとしたのだ」

と、自分の胸を指すスサノオ。これは恋です、スサノオ恋をする。

「え？　娘をですか？　ですが、私どもはまだあなたがどこの馬の骨かも……いえ、お名前すらも知りません。一体どなたで？」

おじいさんは戸惑います。しかし、スサノオはそんなことお構いなし。

「何を隠そう私は最高神アマテラスの弟、スサノオである。たった今、高天原から……っ、いや、降《くだ》ってきたのだ」

さすがに「追放された」とは言えないので、うまくごまかします。ですが、これは本当のこと。謎の男の正体を知った老夫婦は大喜び。当の娘もスサノオを好いたようで、二柱はめでたく結婚、晴れて夫婦となりました。え？　話の展開が早すぎる？　それがねえ、これが日本の神様なんですよ。基本、自分の意思には忠実でスピーディー。そんな人が現代でも好かれると思うのは僕だけかな？　あとは皆さんもご存じの通り、スサノオがカッコよく八岐大蛇を退治します。酒を飲ませて寝込んだところを十拳の剣でエイヤーッとその首を切り落とし、見事に妻を守り抜くというお話。しかも大蛇の尾を切った時、その中から見事な剣を発見。

「おお、こりゃ見事な剣じゃないか。きっと特別なものだろうから、姉のアマテラスに献上しよう。おーい姉ちゃーん、これ見つけた」

と、自分が追放されたことも忘れ、高天原のアマテラスへと献上したのです。ついでに結婚したことも報告したんでしょうね。なんか可愛いでしょ、スサノオって。

この純朴さがすごく魅力なんですね。

この時に献上した剣が、草薙《くさなぎ》の剣《つるぎ》です。天岩屋戸で使われた八咫の鏡と八尺の勾玉と合わせて、今なお正統な天皇の証しとして継承される「三種の神器」がそろったことになりますが、それが地上へ降されるのはもう少し後のお話。

さてさて、そんなこんなで無事に妻を守り切ったスサノオ。彼はその後、出雲国でいい土地を見つけると「私はもう一人ではない、愛する家族がいる。素敵だ。そして今、私の心はとても清々しい」と、素直な思いを吐露。そこへ妻の両親、アシナヅチとテナヅチと共に住める宮を建て、家族みんなで住むことにします。その時に詠んだ歌こそが、日本初の和歌と言われてるんですよ。

それがこれ。

八雲立つ　出雲八重垣　妻籠みに　八重垣作る　その八重垣を

人も神様も、大切なものができると優しく知的に成長するのだと思います。生きるためにいろいろ考えていく。最近は成功者の過去をほじくり返して批判する風潮があるけど、それをやったらスサノオは間違いなく批判の的にされるでしょう。大炎上間違いなしです。けれど日本人は、頑張って成長し、英雄となったスサノオの姿に敬いの心を向けました。

実際にその後、スサノオは重要な神様を数々生み出します。

クシナダヒメとの間に生まれた長男ヤシマジヌミノの家系は、出雲大社に祀られるオオクニヌシへと繋がるし、今後もスサノオと絡むことになる重要な神様。

山の神オオヤマツミの娘、カミオオイチヒメとの間には、お正月に新年を運んできてくれるオオトシガミが生まれ、その子には日枝大社で結界を張り京の都を守るオオヤマクイもいるほど。稲荷の神様として有名なウカノミタマもオオトシガミの弟です。

こうして偉大な血は継承され、神々の系譜は脈々と続いていったわけなのです。

オオクニヌシ、現る

そうして時代はあっという間に、スサノオの6代後に飛びます。そう、縁結びで有名な、あのオオクニヌシの登場です。

しかし、彼は最初から偉大だったわけではないんですね。と、いうのも少年時代はとほほほほ……。スサノオの血を引いているとは思えないほど気が弱く、たくさんの腹違いの兄弟たちにいじめられる毎日でした。

そんなある日のこと。美しいと評判の因幡《いなば》のヤガミヒメに求婚しようと、兄弟たちは旅に出ることに。オオクニヌシも荷物持ちとして連れていかれるのですが、その道中でアレが起きたのです。かの有名な「因幡の白兎」の逸話が。子どもの頃、絵本などで目にした人も多いのではないかな？　もう忘れちゃったよ、という人ももちろん大丈夫。この本は、知らなかったことや、知っていたけど忘れてしまったことを、思い出すための本なのでね。

さーてさて。オオクニヌシが怪我に苦しむウサギと遭遇した場面から、話は始まります。ウサギの話では、和邇《わに》（出雲地方でサメのこと）を怒らせて皮を剥がされ、今度は先にそこを通った兄弟たちに「ひゃひゃひゃひゃ、ウサギよ、苦しそうだなあ。そうだ、いいことを教

えてやろう。塩水で肌を洗って風に当たり乾かすと早く治るぞ、やってみ」と、教えられたのだと言います。それを信じて実行すると、さらに痛みを負うことになったというではありませんか。

「ウサギ、そんな話は嘘だよ。だけど信じてしまうよね、僕の兄弟たちはひどいなあ。ああ、かわいそうに、こんなに体がただれてしまって……。これは辛いよな。ちょっと待ってて、なんとかしてあげるから」

気の毒に思ったオオクニヌシは自らが持つ医療の知識を駆使して、苦しんでいたウサギを救ったのです。九死に一生を得たウサギは心から感謝し、

「ヤガミヒメは、あのひどい兄弟たちにはこれっぽっちも興味がありません。必ずや優しいあなたを夫に選ぶでしょう」

と、大胆な予言をします。するとその予言は的中し、ヤガミヒメはオオクニヌシと婚約するのです。

しかし、それに納得できないのが兄弟たちです。

「なんだって？　あのヘタレなオオクニヌシを選んだだと？　ケッ、そんなバカな話があるか、許せねえ！」とばかりに、あろうことか皆で結託し、オオクニヌシを灼熱の大石の下敷きにして殺してしまうのです。まったく信じられない兄弟たちです。よってたかってひどいことをしやがりま

す。最悪ですねえ、そんなんじゃ嫌われるよ。

それを見ていた母サシクニワカヒメは「キャー！　オオクニヌシちゃんが殺されちゃった！　どうしようどうしよう、ああ、可愛いオオクニヌシちゃん」と大騒ぎ。「かくなる上は、お上にお願いするよりないですわ」と、息子を生き返らせるために、高天原にいるカミムスヒにまで嘆願したのです。すごく懇願しました。きっとしつこかったんでしょう。そのあまりのしつこさに「こりゃやむを得ん」と判断し、願いを受け入れたカミムスヒは、二柱の貝の女神（キサカイヒメ・ウムカイヒメ）を派遣しました。まず石に張り付いたオオクニヌシ

の体をキサカイヒメが「よっこらせ」と引き剥がし、次にウムカイヒメが「生き返れー生き返れー」と母乳を塗りました。すると、オオクニヌシの顔に赤みが差し、無事に生き返りに成功したのでした。

しかし、それを知った兄弟たちはまたまた地団太踏んで悔しがり、「次こそ殺《や》ってやるぜ」と今度は大きな木を切り裂いて、その割れ目にオオクニヌシを挟み込み、またまた息の根を止めます。オオクニヌシ、2度目の死亡です。しかもこんなにすぐに。兄弟たちの執念は凄まじいし、そしてオオクニヌシも騙されすぎでしょう。

それを知った母は泣きながら探し出して再度生き返らせるものの、さすがにこれだけ何度も騙される息子の先が心配でたまりません。そこで打開策として、ご先祖様を頼ることにしたのです。オオクニヌシのご先祖様、神様用語でいえば祖神様といえばもうおわかりですね。はいその通り、スサノオです。

「オオクニヌシちゃん、よーく聞いてちょうだい。このままではあなた、近いうちに兄弟たちに滅ぼされてしまうわ。ママはそんなの嫌よ。だから今すぐ、スサノオさまを頼って逃げなさい。さあ、あなたは立派に旅立つの！　ママはいつだって味方よ、行きなさい！」

そう言って逃がし、オオクニヌシはその後も兄弟たちの追撃に遭ったものの、強い風雨から家屋を守る神様オオヤビコに匿われながら、なんとかかんとか根之堅洲国にいるスサノオに助けを求めに行ったのです。

「ここが根之堅洲国か。ママが言ってたスサノオさまはどこにいるのかなあ」

オオクニヌシはあちこちを歩き回ります。すると、ある屋敷の前でキュートな娘に出会いました。ハッとするオオクニヌシ。娘もこっちに気が付きます。

「わあ、可愛い人だなあ」

「やだ、なんか素敵、この人。これまで見たことがないほど、優しい目をしてるわ」

二柱は無言で見つめ合います。実はこれぞ運命の出会いで、そのお相手はなんと、スサノ

オの娘スセリビメだったのです。
そんな運命の二柱は恋に落ちまして、えーすぐに結婚。そしてスセリビメは父スサノオに「お父さん♪　私、結婚しちゃいました。したのです。こちらオオクニヌシさん」と報告したのです。それを聞いたスサノオは「な、何？　オオクニヌシと所帯を持つだと？　ううむ、そうか。ま、さすが我が娘だけあって男を見る目があるな」と、一応寛容な態度は見せるものの内心は穏やかではありません。やはり愛娘を嫁にやるというのは嫌なのか、我が子孫とはいえオオクニヌシに意地悪心が働きます。そして、試練と称して嫌がらせをし始めるのです。スサノオ、自分のことは棚に上げちゃって、まっ

たくもう。

何をしたかというと、蛇がうじゃうじゃいる室屋《むろや》に閉じ込めたり、たくさんのムカデと蜂がいる室屋へ入れたりと、なんともゾワッとする仕打ちをする始末。しかし妻となったスセリビメはとても賢く、そして愛の力で父よりも夫の味方でした。その都度、外敵を打ち払う領巾《ひれ》をオオクニヌシに持たせて、撃退させます。

それでも諦めないスサノオは、ついに強攻に出ます。野原に放った矢をオオクニヌシに取りに行かせると、そこへ火をつけて焼き殺そうとしたのです！ 兄弟たちに2度も殺され、助けを求めに行った義父にまでも命を狙われるとは、まったくもってどういう展開なんだよ、と言いたいところですが、主役たる存在には必ず救世主が現れるもの。今度はネズミが現れて火が回らない穴に誘導し、矢を見つけてくれたおかげで、オオクニヌシはこの窮地を乗り切ることができました。ほ、危機一髪。

こうなるともうスサノオも、結婚を許可するしかありません。だけど、なんとなくシャクに障って認めたくない模様。さあ、次はオオクニヌシがやり返す番です。

「お義父さん、ごめんなさい。乱暴なことはしたくないから、だけどスセリビメちゃんとは一緒にいたいから、このくらいは許してください」

　スサノオがグーグー寝ている間にその長い髪を柱に縛り付け、動けないよう細工します。そして生太刀《いくたち》と天詔琴《あめののりごと》を持ち出し、妻スセリビメと手を取り合って逃げ出したのです。ハッと目覚め、それに気付いたスサノオが追いかけようとするもアフターカーニバル、すなわち後の祭り。「あっぱれ我が娘が選んだ男よ」と苦笑いを浮かべ、動けない体で彼らの背中に大声でこう叫びました。

「よく聞け、オオクニヌシよ！　かくなる上は、葦原中国を治める立派な王となりやがれ！　幸せになれよ、こいつめ!!」

　そうして、すったもんだの末に義父スサ

ノオに認められたオオクニヌシでしたが、すぐにその言葉に従って王になる事業を開始したわけではありませんでした。そう、なんせ彼は恋多き神様……女人関係、いや、女神関係がいろいろ複雑な感じになっていたのです。

それは葦原中国に戻ってすぐに起きました。オオクニヌシ帰還の知らせを聞きやってきた、先に婚約していたヤガミヒメ。

「やっと帰ってきてくださいましたね、待っていましたわ」と、すぐに結婚したのですが……皆さん、お気付きでしょう。今の物語の通り、すでにオオクニヌシはスセリビメと先に結婚してしまっていたのです！　フィアンセがいるのに、別の女神と先に入籍しちゃったってやつ。つまりここではスセリビメが正妻。ああもう、波乱の予感しかありません。やはりスセリビメ、

「ちょっと待ちなさいよ。ヤガミヒメさんって言ったっけ？　私の亭主に色目を使わないでくれる？　ってか私が正妻なんですけど、おわかり？」と威嚇すると、その迫力に恐れをなして、すでに生まれていた我が子を木の股に挟んでヤガミヒメは逃げ帰ってしまいました。

そのため、その子をキノマタといいます。ストレート。

これに懲りればいいものを今度はオオクニヌシ、高志国《こしのくに》のヌナカワヒメと熱い恋文のやり

取りをした挙げ句に、彼女との間にも子どもまでつくってしまうのです。それが諏訪大社に祀られるタケミナカタで、これからの物語でもカギを握る神様の一柱です。とまあ、そんな感じでオオクニヌシには、最終的に百八十一柱の子どもがいたとされています。ウサギやネズミなどの動物にも好かれ、女神たちにも愛されたわけですから、人々のご縁も自在に繋げる縁結びの神様になれたのも納得です。

ですが、そんな恋多き男に終止符を打ったのはやはり、正妻スセリビメでした。いくら昔は側室がいるのが当たり前と言われても、心中穏やかなはずはなし。いやそもそも、「葦原中国を治める王になる」という目的を忘れて何をしている？というツッコミも出てきそうな暮らしが続く中、その日も美しい女神の噂を聞いて旅に出ようとするオオクニヌシがいました。しかし、その日はいつもと違います。スセリビメは言います。

「仕方ありません、だってあなたは偉大なオオクニヌシだから。こんなにいい男だから、行く先々で素敵な出会いがあるでしょう。その都度、恋に落ちるのも当然です。ですが私は女。あなたの他に男はありません。あなたの他に愛する人はいませんわ。こんな私を、どうぞ末永く愛してほしいのです」

なんとスセリビメは、愛する夫への素直な気持ちを歌で表現したのでした。愛情か、はたまた女の戦略か？　いずれにしろそんな真っすぐに気持ちを向けられたら、オオクニヌシといえども心震えてしまいます。

「すまなかった、ごめんねスセリビメ。やはり私はおまえが好きだよ、愛しくて仕方がない。さあ、こっちにおいで」と、出発を取りやめて杯を交わすと、久方ぶりに抱き合ったのでした。そしてそれからは、仲睦まじい夫婦となったとさ。

というわけで、女遊びにもピリオドを打ち（？）、ようやく腰を据えて、葦原中国を統一するという大事業に着手しようとしたオオクニヌシですが、そう簡単にはいくものではありません。

「あーあ。私はなんだか、国を造るということをすごく簡単に考えていたんだな。だいたい国ってどうやったらできるんだろう。そもそも方法はあるんだろうか。今さらだけど」

と、考えたかどうかは定かではありませんが、そんなふうに途方に暮れていました。で、海を見ながらあんなことやこんなことを考えていると、舟に乗ってやってくる小さな神様を見つけたわけです。その小さな神様が、一寸法師のモデルにもなったと言われるスクナビコナでした。

「えー？　こんなに小さい神様は初めて見たよ。というかキミは誰だい？　私はオオクニヌ

シという者だけど、わけあって国を造らなきゃならないんだ。だけどどうしていいかわからない。もしよかったら、私の国造りを手伝ってくれないかな?」

と、声をかけてみるとその小さな神様は「うん、いいよ。オッケー」と、軽く答えてくれました。簡単ですね、話が早くて助かります。そうして二柱は相棒になったのですが、幸運なことにお互いの息はピッタリでした! 大変にウマが合い、これまで滞っていた事業がスムーズに進み始めたのです。

どれだけウマが合ったかというと、播磨《はりま》国風土記《こくふどき》にこんなエピソードが残っていました。ある日のこと。

「ねえ、スクナっち。あのさ、くだらない話なんだけど粘土ってすごく重いよね。持つの辛いし。だけど、こないだお腹壊した時に厠が近くになくて大変だったんだ」と、オオクニヌシ。

とても偉大なる神とは思えぬ言葉です。

「でさ、思ったんだよね。重い粘土を背負って歩くのと、ウンチを我慢して歩くのでは、どちらが大変だと思う？」

「あー、そりゃどっちも辛いね。だけどやっぱり粘土じゃない？　だって粘土を背負うと足腰が持たないし、一歩進むのだけでも、ものすごく骨が折れるじゃん。だから粘土さ！」

「そうかなあ。お腹痛くなった時に厠に行けないと冷や汗かくし、焦るし、ウンチの方がきついんじゃない？　ウンチで決まりだ！」

「粘土だよ」

「ウンチだって」

と、バカバカしすぎる論争をした挙げ句、オオクニヌシがウンチを我慢し、スクナビコナが粘土を背負い、本当に勝負することになったんですよ。まあ結局、「うーん、もう無理」と、生理現象に負けたオオクニヌシを見たスクナビコナが腹を抱えて大笑い、その瞬間に粘土を投げ出して引き分けに終わったとか……。まあ、なんというか、ガキかよというエピソードですが、こんなことができるくらい仲良しだったんだと思います。ある程度事業が進むと、スクナビだけど、そんな名コンビにも別れの時がやってきます。

コナは、

「オオクニちゃん、名残惜しいけど僕の役目はここまでだ。もといた世界に帰らなきゃ。ありがとう、さようなら。ずっとずっと元気でな！」

と、突然、常世《とこよ》の国へ去ってしまいました。突然出てきた常世の国ですが、かつて日本では海の彼方にある異世界として表現していました。要は、海の遥か彼方に消えたということ。

相棒を失ったオオクニヌシは寂しさと悲しみに暮れ、再び海に向かって嘆いていると（ってか、オオクニヌシ！　いいかげん独り立ちしてくれ）今度は光り輝きながら近づいてくる神様がいるではありませんか！　その神様は、

「あー、よっこらしょ。おまえがオオクニヌシか？　えーとね、オレさまをよく奉り敬えばおまえの事業を事細かに手伝ってやるけど、どうする？」と、提案してきます。

「本当ですか？　なんとありがたい！　祀ります祀ります、どのようにすれば？」

藁にも縋る思いだったオオクニヌシが快く承諾すると、再び事業は動きだしたのです。こ

の光り輝く神様の正体は、今なお三輪山に坐すオオモノヌシでした。

そう、この本の最初に出てきた神様ですね。

そんな感じでようやく事業を完遂し、葦原中国の統一に成功。念願の王となったのです。

アマテラス、再び

そうして苦労の末に葦原中国を統一したオオクニヌシでしたが、その様子を高天原から映画鑑賞の如くジッと見ていたのが、最高神アマテラスでした。

「オオクニヌシ物語……ついうっかり見入っちゃったわ。スリルとサスペンス、そしてバカバカしさと友情に恋。なかなか濃かったわ。ま、とりあえずまとまってよかったわね。だけどあの物語には私は登場していないし、なんかちょっとおもしろくないわね……そうだわ！地上も私が統治すればいいのよ。みんなちょっと来て――」

なんと、突然、「地上も自分のものにしたい」宣言が出たのでありました。

アマテラス、アゲイン。まさかのワガママになって再登場です。

そこで白羽の矢が立ったのがアメノオシホミミでした。皆さん覚えていますか？　アマテラスとスサノオの誓約で生まれた子どもの一柱。つまり、アマテラスの息子にあたる神様です。

そのアメノオシホミミ、天の浮橋から葦原中国を見下ろすと「ゲ。なんか超面倒くさそうな感じだぜ」と、眉を顰《ひそ》めます。

「あのですね、地上はまだ騒がしいようなんです。で、ですね、もう少しちゃんと準備が整ってからじゃないとダメかなあと……」

と、ウダウダ言い始めました。なーんかヤな感じ。そんな感じになったので仕方なく先に別の使者を送り、こちらに国を譲らせるための了承を得ることにしました。その使者に選ばれたのが、同じく誓約で生まれたアメノホヒでした。

もちろん彼は、しっかり交渉するつもりですぐさまオオクニヌシの元を訪れたのですが……相手が悪かった。なんといっても天性の人たらし、いや、神たらしとでも言いましょうか。行く先々でモテモテで、あのスサノオまでやり込めた手練手管《てれんてくだ》の地上の王、オオクニヌシなのですから。

「なんと高天原からわざわざ！　ささ、アメノホヒさん、まず一杯やりましょう」

と、言ったかは定かではないけれど。アメノホヒは魅力あふれるオオクニヌシにすっかり心酔してしまうのでした。きっと居心地も良かったんでしょうね。アマテラスへの報告をきれいさっぱり忘れ去り、サラッと3年の月日が流れていったのです。

あらあら、大変。そうなるとヤキモキし始めるのが、高天原で待つアマテラス。

「ねえ、アメノホヒからの連絡はまだなわけ？　何やってんのよ、あの子！」

と、大層ご立腹の様子。なんせ電話もインターネットもありゃしませんから、情報収集のためにどんどん使者を遣わせるしかありません。で、次に派遣したのがアメノワカヒコ。もしかしたら先に行った使者は殺されたかもしれないと思い（なんせ情報まったくなし）、今度は用心のために、特別な弓矢を持たせての派遣と相成りました。

ところが彼もまた、あっという間にオオクニヌシに懐柔されてしまいます。しかもアメノワカヒコに至ってはオオクニヌシの娘、シタテルヒメと甘いロマンスに発展。結婚までしたことで、

「ああ、こっちの世界は幸せだなあ。そうだよ、いっそこの俺が王になればいいんじゃね？

高天原なんて放っておいていいよ。地上の方が恋も酒もいい感じだ」

と、裏切りまで考え出す始末。結果、8年もアマテラスへの報告を放置していたのです。3年に8年！　まったくもって使者たち、懐柔されすぎです。それとも、それだけオオクニヌシが魅力的だということか？　いずれにせよそんな状況なので、高天原ではアマテラスの堪忍袋の緒も限界を迎え始めていました。

「ちょっといい加減にして、どうなってんの！　誰か行ってワカヒコの様子を確認してきなさい！」と叫びます。その言葉に、これまでの使者を推挙してきたオモイカネも、人選は失敗だったかと頭を抱え、

「で、ではですね、鳴女《なきめ》という名のキジを遣わしましょう」

と提案。すぐさま鳴女はアメノワカヒコの家の入り口へ赴き、木の上から、

「おいおまえ、なぜに8年にもわたり、なんの報告もしてこぬのだ。脅されてでもいるのか？　今すぐ答えろ」

と、状況を確認しようとします。しかし、そこにふと邪魔が入るのです。後に「あまのじゃく」の語源にもなった女神、アメノサグメが通りかかったのでした。

彼女はいち早く鳴女の存在に気付くと、まさかまさかの、

「ねえ、ワカヒコさま。木の上にいるキジがお見えになりますか？　あれは実に不吉な鳥でございます。面倒なことになる前に射殺すのがよろしいかと。うふふふふ……」

と、進言したのです。サグメちゃんにまんまと乗せられたアメノワカヒコは、あろうことか、高天原を出る時にアマテラスから授かった弓矢を用いて、ソッコーで鳴女を射殺！　結果的にそれに気付いたアマテラスの側近、タカミムスヒに矢を投げ返され、それがブーメランになり自分に刺さってしまいます。そして、あえなく死んでしまうんですね。哀れ、アメノワカヒコ……。やはり裏切りは、ろくな結果にならないのでしょう。

さてさて。鳴女も殺されて状況がわからず、いつまで経っても進展しない状況にイライラマックスのアマテラス。

「ちょっとあんたたち、ふざけんじゃないわよ！　次は誰を派遣すればいいわけ？　次こそは成功させなさい！」と神々を一喝。そこで恐る恐るといった体で再びオモイカネが進み出ると、「やむを得ません。でしたら、あのタケミカヅチを派遣しましょう」。

おー、ついにあの神様を派遣するのか！　と、高天原が沸き立ちます。というのも、タケミカヅチは本当に強かったからでした。かつてイザナギが火の神ヒノカグツチを斬り殺した時に、飛び散った血から生まれた武神タケミカヅチ。こうなったらもう力ずくです。

第三の使者として派遣されたタケミカヅチは、早々に出雲国の浜に降り立つと、大きな剣を振り回し、逆さまに突き立て、その切っ先《きっさき》に胡坐《あぐら》を組んで座ります。うーん、カッコいい。なんというか迫力満点の威嚇です。そして、大きな声でこう叫びました。

「地上の神々よ、そしてオオクニヌシよ、聞け。俺は高天原からの使者タケミカヅチという者。この葦原中国をアマテラスへ引き渡すべし」

すると、オオクニヌシはちょっと困ったように眉根を寄せ、

「ははぁ、そうですか。しかし、そうおっしゃられても私はすでに隠居したような身なのです。若い頃に遊びすぎた……いえ、無茶をしすぎたせいか、もう最近体にガタがきましてねえ。ここは、私の子であるコトシロヌシに聞いてもらえるとありがたいのですが」

そう言葉を濁して時間を稼ぎます。しかし、これまでの使者とは違い、タケミカヅチはそう簡単にはいきませんでした。

「さようか。ならばコトシロヌシとやらを、ここに連れてくるまで」

と言うや否や、美保の岬で魚釣りをしていたコトシロヌシの首根っこを掴んできてしまいます。恐れをなしたコトシロヌシは、「も、もちろんアマテラスの御子に差し上げます」とあっさり了承。しかし、腹の中はよほどおもしろくなかったのでしょう。こっそり相手を呪

う「逆手《さかて》」を打ちながら、そそくさと退散していきました。

ちなみにこのコトシロヌシが、ヒルコに次ぐもうひとつのえびす様の起源。こちらは、今宮戎神社などに祀られる、えびす様のモデルとなりました。

さて、コトシロヌシに国を譲る許可を取ったタケミカヅチは満足げに、

「さあ、おまえの子どもは国を譲ると言ったが、他に聞くべき者はいるか？」

と尋ねます。それに対してオオクニヌシは、

「ああ、そうでした。実はもう一人、我が子のタケミナカタがおります。彼にも一応、聞いてみてください」

そう答えると、ちょうどそこへ、

「おい、てめえ誰だよ。俺の親父に何をしてんだ？　俺らの国に来て勝手なことするんじゃねーぞ」

と、肩を怒らせタケミナカタがやってきました。さあさあ、現代でも勝利の神と崇められる二柱の激突、これぞ世紀の対決です。しかしここはやはり、イザナギ起源の神様というべきか、経た年月の差か、あっという間にタケミカヅチにねじ伏せられるタケミナカタ。相手のあまりの強さにブルってしまい「ヤバい、あいつヤバい！　つえーよ！」と一目散に逃げ

出します。しかし、信濃国の諏訪湖で追い付かれると、

「か、かかか、勘弁してくださいっ！　やるやる、国は差し上げます！　私はもうこの場所から動きませんから許して！」

と、頭を下げて国を譲ることを了承。それを見ていたオオクニヌシも、こりゃもう譲るしかないわなと諦めたのでしょう。自らが住む大きな社を建ててくれることを条件に、国を託すことを決意したのでした。

これが今の出雲大社であり、それを守る宮司は最初の使者としてやってきてオオクニヌシに心酔したアメノホヒの一族が出雲国造として今なお担い続けているのです。

ちなみにですが相撲の神様として有名な

野見宿禰《のみのすくね》も、受験の神様として名高い天神様こと菅原道真公も実はアメノホヒの子孫。アマテラスの次男として生まれた神様は、今なお一族で僕たちを見守ってくれています。

天孫、地に降臨す。だがしかし、その天孫がちょっとアレだった

こうしてアマテラスのワガママが通り（！）、自分たちが葦原中国も統治することになったわけですが、問題は多くありました。まずは誰にその役目を担わせるかです。早速、あののらりくらりのアメノオシホミミを呼び出しますが、

「いや〜私もね、準備はしていたんですよ。けれどもあんまり時間がかかったでしょう？私も年を取ってしまってもう満足に働けないんじゃないかなと思うんですよ。なので、ここは若い我が子を遣わす方が無難ではないかと……」と、またまた面倒な役目から逃げ、しかもそれを息子に押し付けようとします。ほんと、おいしいところは欲しいくせに自分では何もしたくないタイプだな、こいつ。

さすがのアマテラスも「ほんとこいつは使えないわ。こんなヤツに重要な役目を言い渡すよりもマシかも」と思ったかは定かではありませんが、その言葉通り孫にあたるニニギに白羽の矢が立ちました。さあ「天孫降臨」の始まりです。

お供には、アメノコヤネにフトダマ、それにアメノウズメやアメノタヂカラオなど天岩屋

戸神話で活躍した神々を付けました。そして、「八尺の勾玉」「八咫の鏡」「草薙剣」を託すとオモイカネに「はい、これ持っていってね。でね、この鏡を私の御魂として、祀り続けること。なんだかんだ言っても私、最後はちゃんと国を助けるから信じなさい。わかった？」と、命じられたのです。

こうして三種の神器は、天孫ニニギが地上へ伝え、アマテラスの血を引く証しとして現代まで天皇家に伝わっているんです。ちなみに日本書紀では、この時に自分の田んぼで作った稲穂も渡していて、地上へ伝わったとされているので、僕たちが大好きなお米は、アマテラスからの贈り物だったわけですね。ありがとう、最高神。

こうして準備は整いました。しかし、いざ出発！という段になって、早々にトラブルが発生します。分かれ道に差しかかったところに、妙にテカテカ光り輝く神様が道を塞ぐように立っていたのでした。

皆が警戒感を強める中、アメノウズメが進み出て「ちょっとごめんなさい、あなたどなた？　そんなに光って何がしたいの？」と正体を問うと、

「驚かせてしまったか、すまぬすまぬ。私はサルタヒコと申す者。天孫が降ると聞き、先導をさせて頂きたく、光り輝きながらお待ちしていた所存でござる、テカテカ」

と、道案内を買って出てくれました。

おー！と沸き立つご一行。なんせ地上へ降るのはみんな初めてのことですから、なんとも頼もしい限り。サルタヒコが今なお、道拓きの神様として名を轟かせるのも納得です。

こうしてニニギ一行は無事に地上の葦原中国に向けて出発。天空に八重にたなびく雲を押し分けながら威風堂々と進み、ついに筑紫《つくし》の日向《ひむか》の高千穂峰に辿り着いたのでした。

そして、額に手をかざして眼下に広がる光景を一望すると、

「ああ、ここは朝日が海から真っすぐ差し込んで夕日も美しく、素晴らしい土地

だ!」

ニニギはそう宣言したのです。これから生きていくこの国が素晴らしいものであるよう、自らを鼓舞し、幸運を引き寄せようとしたのですね。僕たちも見習わないと。

さて、そんなポジティブなニニギに早速幸運が舞い降りたのか、ある日、それはそれは美しい乙女に出会いました。彼女の名は、コノハナノサクヤヒメ。山の神、オオヤマツミの娘でした。そういえばスサノオが最初に葦原中国に降り立った時に出会った少女も、オオヤマツミの孫娘でしたね。

どうやら日本人が古来より畏れ崇める「山」は、天と地、神と人を繋げる役割があるのかもしれません。おっと、話を進めましょう。

娘の美しさにズキューンと胸打ちぬかれたニニギは、出会った直後にプロポーズ。「一目惚れ即結婚」は、もはや日本の神界のお家芸と言っても過言ではありません。

けれども、今回はこれまでと少し違いました。娘の結婚に父のオオヤマツミは大喜びで、

「ならば天孫ニニギさま、姉のイワナガヒメも一緒に嫁がせましょう。いい子ですぞ」

と、姉妹で嫁がせようと提案してきたではありませんか。これだけでもビックリなのに、もっと驚くのが、いや、ドン引きするのがそれに対するニニギの返答でした。

イワナガヒメの顔を見るなり「ちょっとごめん……僕、実はブスは嫌いでさ……」と、現代ならばコンプライアンスに抵触してSNSで大炎上間違いなし、不適切にもほどがある態度で、イワナガヒメだけ送り返してしまったのです。天孫よ、それはさすがにないだろう。言い方あるだろ、言い方が。

それを聞いたオオヤマツミはため息を吐きました。そして、ゆらゆらと首を振り、

「ああニニギさま、残念です。私が娘二柱を嫁がせようとしたのは、姉イワナガヒメからは雨風にも負けない命の強さを。妹コノハナノサクヤヒメからは、花のような美しさを得て頂きたかったからなのです」

ですが……、と悔しそうに唇を噛むと、

「あなたが断ったことで、あなたの御子たちの命は儚いものとなるでしょう。イワナガヒメの素晴らしさがわからないあなたには、ガッカリですぞ」

そんな恨み節をニニギに贈りました。これがアマテラスの血を引く天皇家であっても命は儚く、寿命というものがある理由です。あらら、言わんこっちゃない。

だがしかし、ニニギの「やらかし」はこれだけではありませんでした。

ある日、妻のコノハナノサクヤヒメが「身籠もった」と言いました。え？と驚くニニギ。

そして疑いのまなざしで、

「サクヤちゃん、マジで？　それってホントに俺の子？　キミ、モテそうだから浮気したんじゃない？　いや、そう簡単に子どもなんてできないって。だってチョメチョメしたのってあの時一回きりじゃん」

と、あろうことか妻の浮気を疑う発言を、いや暴言を吐いたのです。

おい、ニニギふざけんな！　いくらなんでも僕だって怒るぞ！　なんてやつだこの野郎、大体口の利き方に気を付けろ！　と、まあ僕が荒ぶる前に、これにはさすがの女神も大激怒。そもそもコノハナノサクヤヒメは山の神の娘であり、富士山に象徴される存在です。その美しい姿とは裏腹に幾度となく噴火を繰り返してきた富士山を怒らせたのだから、さあ大変。普段は優しい人が怒ったら、もう手がつけられません。コノハナノサクヤヒメは、産屋に真っ赤な火を放ちます。

「サクヤちゃん、何をする気だ？　おい、危ない、やめなさい！」と慌てるニニギに対し、

「ニニギさん、あなたはそんなことをおっしゃるのね。私が他の男と寝たですって？　もしも私が浮気をしたならば、お腹のこの子は無事に生まれないでしょう。ですが天孫のあなたの子であれば、この炎の中でもちゃーんと無事に生まれるはずですわ。その目ん玉ひん剥いて、よーく見ていてくださいな」

そう言い放つと挑発的な笑みを浮かべ、燃え盛る産屋の中で出産すると宣言。ニニギはその様子を、呆然と見守ることしかできませんでした。お、恐るべし、富士山の女神。

そうやって、燃え盛る炎の中でオギャーと激しく産声を上げた子どもが、ホデリ（海幸《うみさち》彦《ひこ》）、次に生まれたのがホスセリ、最後に生まれたのがホオリ（山幸彦《やまさちひこ》）でした。無事に生まれて本当によかったよかった。

初代神武天皇誕生。日本にとっての天皇家

さて。ここからは昔話としても有名な「山幸彦と海幸彦」のお話になります。炎の中で、コノハナノサクヤヒメが生んだ神様たちですね。

ある日のこと、山で狩猟を生業とする山幸彦が、海で漁業を生業にする兄の海幸彦に、

「なあなあ、兄ちゃん。ちょっと思いついたんだけどさ、それぞれの道具を交換して使ってみないか？」

と、持ちかけたところから物語は始まります。

「えー、嫌だよ。俺は自分の道具をすごく大事にしているんだ。交換なんてしたくない」

「いいじゃんか、ちょっとだけ。兄ちゃんの道具を試してみたいんだよ、お願い」

そんなふうに、気の進まない兄に対して弟があまりにもしつこいために、「じゃあ、本当にちょっとだけだぞ」と、しぶしぶ釣り道具を貸したものだから大変です。そもそもこの手の話で、何事もなく済むはずがありません。まあ、ただじゃ済まなかったからドラマチックな展開で物語が成立するわけですが。そこは置いておいて話を進めましょう。

やっとの思いで漁の道具を貸してもらった山幸彦は、

「へへへ、前から釣りをやってみたかったんだ」と、早速釣りに出かけますが、簡単にはいきません。そう、ラクに魚が獲れるほど甘くはないのです。結局、一匹も釣れずじまい。しかもその上、借りた釣り針を海に落としてなくしてしまったのです。マジかよっ⁉

それを聞いた海幸彦は「だから言ったじゃないか！　どうしてくれるんだよ、大事な釣り針だぞ！　あれがなかったら困るんだよ」と大激怒。今すぐあの釣り針を探してこいとまくし立てます。

されど、探せど探せど見つからず。なんとか許してもらおうと、山幸彦は大事な十拳の剣を折ってまで何百、何千という釣り針を作るも「ダメだダメだ！　あの釣り針じゃなきゃダメなんだ！」と、受け取ってもらえません。兄弟の仲は悪化の一途を辿り……。

「ああもう、一体どうすればいいんだよ……」と、山幸彦は頭を抱えてしまいます。

そうして海に向かって半べそかいていると、ざざっと波が立ち、海からシオツチという潮流を司る神様が現れたのです。どうも神様界には、「海へ向かって途方に暮れていると助け舟が現れる、なんか知らんけど」という法則があるような気がしてなりません。これも日本が島国であるために、新しい出会いや救世主は海の向こうからやってくると信じていたからでしょうか。現代ならばウルトラマンが宇宙からやってくる的な？　そんな感じかもしれません。

山幸彦は藁にも縋る思いでシオツチに、兄から借りた釣り針をなくしてしまったこと。そのために兄が怒ってしまい、どうすれば許してもらえるかと悩んでいることを話しました。

するとシオツチは、

「ふうむ、なるほど。それはお困りじゃろう。ちょっと待っていなされ」

そう言うや否や、細い竹で編んだ小舟を素早く作り、その舟に山幸彦を乗せます。

「ワシがこの舟を押し出すので、そのまま潮の流れに身を任せなされ。そうすれば海の神様オオワタツミの宮殿に着くでの。そこでまず、オオワタツミの娘に話を聞いてもらうのじゃ。きっとなんとかなりますわい、グッドラック」

そう言うと「せいやーっ！」と、舟を海へ向けて押し出しました。

すると、舟はシオツチの言った通り、スムーズに海中を進み、あっという間に山幸彦をオオワタツミの宮殿へと運んでくれたのです。

山幸彦はなんとか宮殿の中にいるオオワタツミの娘、トヨタマビメに話を聞いてもらおうと策を巡らせます。そうやってようやく出会えたのですが、その瞬間、今度はトヨタマビメの方が山幸彦に一目惚れ。男女の逆ではありますが、またまた神様お決まりの展開です。

こうなると話はとんとん拍子に進みます。トヨタマビメは目を輝かせながら「パパ上、パパ上！　好みの男がいたわ！　アタシ好きになっちゃった！」と、父オオワタツミに報告。オオワタツミも「まったくおまえは惚れっぽくて困る。よいか、結婚相手はよく選ばねばなら……ん？　山幸彦だと？　なんと天孫ニニギさまの子どもではないか！　そうなると話は別だ、嫁入り賛成！」と大いに喜び、すぐに山幸彦を宮殿に招き入れると、さっさと娘と結婚させてしまいました。恋と政略結婚が両立したラッキーなパターンですね。

そうやって3年ほど、キャッキャウフフと夫婦仲睦まじく宮殿で過ごしていたのですが、そこでようやく山幸彦は、自分がここへ来た本来の目的を思い出します。

「あ……そうだ。結局、釣り針の問題はまだ解決していなかったんだった。ここでの暮らしがあんまり幸せで、すっかり忘れてたよ。そうだったー、釣り針どうしよう」

と大きなため息を吐きました。というか山幸彦、思い出すのが遅すぎです。元気がない夫の様子にトヨタマビメは、

「パパ上、なんとかならないかしら？　ダーリンが悩んでいるの、それを見るのが辛いわ」

と、相談。オオワタツミは可愛い娘夫婦のためならと、海の神様の本領を発揮します。

すぐに大小すべての魚たちを集めると、

「カクカクシカジカで、このような釣り針を見つけたものはいないか？」

と、尋ねました。すると、何匹かの魚たちが何かに気付いた様子で顔を見合わせ、

「もしかすると3丁目の鯛かもしれません。この間一緒に飲んだ時に、喉に棘《とげ》が刺さったみたいで痛いと言っておりました」

そう教えてくれました。早速、その鯛を呼び出して喉を調べますと、釣り針が出てきたではありませんか。めでたく海幸彦の釣り針、回収完了です。

オオワタツミはその釣り針を洗い清めると、山幸彦に差し出し、

「婿殿よろしいか。この釣り針をお兄さんに返す時、『おぼ鉤《ち》、すず鉤、貧《まぢ》鉤、うる鉤』と言って、後ろ手で渡しなさい。そして、お兄さんが高いところに田んぼを造ったら、あなたは低いところに。反対に彼が低いところに田んぼを造ったら、あなたは高いところに造るのです。あとは私が水を操り、あなたを助けますのでな」

「そ、それはかたじけない」

山幸彦が頭を下げるとオオヤマツミは首を横に振り、

「いくら借り物の針をなくしたとはいえ、忘れっぽいとはいえ、ちょっとバカとはいえ、あなたは優しい人だ。我々はあなたの味方ですぞ。それでもし、お兄さんが攻めてくることがあったら、このふたつの玉で撃退しなさい。塩盈玉《しおみつたま》を使えば相手を溺れさせることができます。もし、許しを乞うてきたら塩乾玉《しおふるたま》を使えば、助けることができるので安心なされい」

そう言ってニヤリと笑いました。

そして、山幸彦はオオワタツミの言われたことに従って兄、海幸彦を懲らしめることに成功したのです。

ちなみに、その時に海幸彦は、

「これからは、あなたのことを昼夜お守りする役目を担いましょう」

そう言って、宮殿の守護をすることを申し出たことで海幸彦の一族は、隼人《はやと》という官職で、今なお天皇家に仕えているのです。天皇陛下の即位儀式、大嘗祭《だいじょうさい》で舞われる「隼人舞《はやとまい》」は、海幸彦が塩盈玉で溺れさせられた時の様子を滑稽《こっけい》に表したものと言われています。

調子のいい時は良いことが続くもので、山幸彦がひと安心していると、妻トヨタマビメが会いに来ました。そして、笑顔でこう言うのです。

「ダーリン、やったわ！　赤ちゃんよ。あなたの赤ちゃんがお腹にいて、もう少ししたら生まれるわ」

そう言って、海辺に鵜の羽根で屋根を葺いた産屋を建て始めたのです。ところがよほど気の早い赤ちゃんだったのか、鵜の羽根で屋根を葺き終えないうちにトヨタマビメは産気づいてしまったのです。

「わわわ、大変だ。産屋がまだ完成していないよ、どうしようどうしよう」。慌てる山幸彦ですが、

「仕方ないじゃない。大丈夫よ、アタシこのまま産むわ！　心配しないで」

と、トヨタマビメは堂々と言い、未完成の産屋に入ることに。しかし、その時に大事なことを言い添えるのは忘れませんでした。

「あ、ダーリン、ひとつだけ約束して。赤ちゃんを産むとき、絶対にアタシの姿は見ないでね。もしも見たら、アタシたちはこのままでいられなくなっちゃうから」

ああ、また出たよ。出ちゃったよ。あのイザナギもやってしまった「やるな、やるな」と言われるとやりたくなるアレが。もちろんね、例に漏れずに山幸彦もやってしまうんですよ。そう、辛抱たまらず覗いちゃうんですね。そして彼が目にしたのは、大きな和邇が大汗をかき、唸り、身をくねらせながら必死に子どもを産んでいる姿でした。ちなみにこのシーン、日本書紀では龍に姿を変えていたと記されています。海を司る神様は龍神か？　そう考えると海の神様の宮殿を「龍宮」と表現することがあるのも頷けます。

というわけで。夫に正体を見られてしまったトヨタマビメは大いに悲しみ、「こんな辱めを受けた私は、子どもを育てる資格はありません。さよなら、ダーリン」と赤ちゃんを山幸彦に預けると、海の宮殿へと帰ってしまいました。

そんなふうに生まれた子どもの名は、ウガヤフキアエズ。「鵜葺草葺不合命」と書き、鵜の羽根で屋根が葺き上がる前に生まれた神様という意味です。

とはいえ、やはり自分の子は可愛いもので、トヨタマビメは妹のタマヨリビメを派遣して我が子の教育を託したのです。ウガヤフキアエズが成長すると、母代わりとなって育ててくれたタマヨリビメと恋に落ち、結婚。そして生まれた子どもが、イツセ、イナヒ、ミケヌ、カムヤマトイワレビコでした。

さあいよいよ神代の歴史から人代の歴史へ移り変わるクライマックスを迎えます。初代神武天皇誕生の物語です。

ここで主役となる末っ子のカムヤマトイワレビコは兄のイツセと共に、天下を治めるのにふさわしい土地を探しに旅に出ることに。かの有名な、「神武東征」の始まりです。

九州の高千穂を出発した二人は、東へ東へと進みますが、途中、兄イツセが敵の矢を受けて死んでしまう悲劇に襲われます。それでも弟のカムヤマトイワレビコが中心となり、さらに進軍を続け、ついに熊野へ到着した時のこと。大きな熊を見かけたかと思った瞬間、妖気にやられて皆、気を失ってしまったのです。危うし、カムヤマトイワレビコ！

しかし、しつこいようですが、英雄にはいつの時代も救世主が現れるもの。ふと目を覚まして「なんだか長く寝ていた気がする」と言うと、目の前に一人の男が片膝をついて恭しく、立派な大刀を献上しているではありませんか。そしてその太刀を受け取ると、その瞬間すべての敵は打ち払われたのです。

事の次第を聞いてみれば、男は熊野に住むタカクラジという者でした。ある日、彼は不思議な夢を見たのだと話します。アマテラスとタカミムスヒが自分たちの子孫を心配し、国譲りを成功させた立役者であるタケミカヅチを呼び出して、こうおっしゃったのだと。

「まだまだ葦原中国は騒がしいようだ。おまえが行って、彼らを助けてまいれ」

するとタケミカヅチは、首を横に振り、

「いいえ。私が行かずとも、あの国を平定した大刀がございます。これをかの地に住むタカクラジのもとへ降ろしましょう」

アマテラスへそう進言すると、夢を見ているタカクラジに向けてこう指示したのです。

「そなたは、私の降ろした大刀を探し、それを日の御子へ献上しなさい」と。

目覚めたタカクラジは大刀を見つけ、この夢が気のせいではなくお告げであると確信。その命に従い、日の御子であるであるカムヤマトイワレビコへ剣を献上し、救ったのでした。

日本書紀によればこの時に献上した大刀こそが、香取神宮に祀られるフツヌシ。これは鹿島神宮のタケミカヅチが使用した剣そのものとも言われ、現代でも二柱が祀られる両社は、「鹿島・香取」と並び称されるほど一対の存在にあります。

そして彼は続けて、タカミムスヒからの指示を伝えました。

「これより先には荒ぶる神々が多くなる。勝手に行動してはいかん。よって、天より八咫烏《やたがらす》

を遣わすので、その先導に従って進むがいいだろう。心してゆけ」

その指示に従い、三本足の八咫烏に導かれ。カムヤマトイワレビコの軍勢は、各地を平定して畝傍《うねび》の橿原宮《かしはらのみや》にて、ついに初代神武天皇となられたのです。

その時から八咫烏は神武天皇を導いた「導きの神」として信仰されるようになり、現代ではサッカー日本代表のエンブレムとして、チームを勝利へと導いてくれています。

ちなみに日本書紀では、窮地に立たされた時に金色のトビが飛翔してきてカムヤマトイワレビコの弓の上に止まり、稲妻のように光り輝いたシーンも語られているんですよ。その光に打たれた敵軍は目を眩まされ、戦意を喪失したとか。そのトビを派遣したのが、かつてイザナミが生み出した鍛冶の神カナヤマヒコとも伝えられ、初代神武天皇が掲げる弓の上で輝く金鵄の絵は、皆さんも目にしたことがあるかもしれません。

ヤマトタケルは愛を知ったのか。古代の天皇の物語

ここからは古代の天皇のお話を少々。

まずは第12代景行天皇の御代。ヤマトタケルの物語です。ヤマトタケルというワードは、日本人なら一度は耳にしたことがあるのではないでしょうか。彼は景行《けいこう》天皇の御子として生まれ、後に天皇となる資格もあったほどの人物でしたが、天皇である父に疎《うと》まれ悲劇の英雄となりました。悲劇というからには、やはり悲しい物語です。

ヤマトタケルは幼い頃から、真っすぐな心の持ち主でした。花や動物を愛した神様だったかもしれません。純粋な少年として、すくすくと育ちました。見目も麗しく、多くの女性に愛されていました。また、類いなき怪力だったことから、ある時父に「タケル、おまえの力で兄を正しい道に教え諭してほしいのだ」と命じられます。素直に従ったヤマトタケルですが、彼はその力のあまり、兄を殺してしまったのです。

それを知って震え上がったのが父でした。

「なんということだ。いくら命に従ったとはいえ、実の兄を殺《あや》めるとは恐ろしい息子。いずれ野望を持てば、この私のことも狙ってくるやもしれん。そうなると、とても勝ち目はない

ぞ。どうする……」

血を分けた息子にそんな恐れを抱いた父は、ヤマトタケルを自分から遠ざけることにしました。彼を我が身から離すために、討伐隊《とうばつたい》と称してろくな武器も部下も付けずに、つまり丸腰で西方へ強い部族の征伐に向かわせます。何も知らないヤマトタケルはもちろん力の限り戦い、血を流し、傷だらけに。愛する父の命ならば、どこまでも戦うつもりだったのでしょう。戦って戦って、戦い抜くのです。

そんなふうに、初めは父の目論見《もくろみ》に気付かなかったヤマトタケルでしたが、無事に任務を終え満身創痍《まんしんそうい》で帰るや否や、「では次は東国の征伐だ。さあ急いで、とっとと行け」と、間も置かずに向かわせられると、徐々に父の意図に気付き始めます。途中、伊勢に立ち寄った時には叔母にあたるヤマトヒメに、

「私はお父さんに愛されていないのでしょうか。お父さんは私を愛していないのでしょうか。私なんて……し、死んでしまえと思っているのでしょうか。だから、武器も兵士も付けずに、強い部族の征伐なんて命じたのではと思ってしまうのです」

と、不安を吐露しているのです。叔母のヤマトヒメは甥の思いに胸がつぶれるも、彼を慰め力づけ、「大丈夫よ、これを持っていきなさい」と、草薙剣を持たせています。

お父さん……。

それでもヤマトタケルは、父を本当に愛していました。どこまでやればいい？　どこまで戦えばいい？　ねえ、お父さん。僕はどうしたらいいの？

父に認められるため、褒められるため、抱きしめてもらうために、血を吐きながらも必死に戦いを続けます。

相模国では、敵に火を放たれて窮地に陥りますが、ヤマトヒメから授かった草薙剣で草を刈り払い、脱出に成功するなど本当にギリギリの戦いの連続でした。

それでも悲劇は続きます。走水《はしりみず》の海岸に辿り着いた時のこと、その時にはヤマトタケルにも妻ができていました。愛妻オトタ

チバナヒメです。しかし、荒れ狂う海を渡ることができずに立ち往生していると、彼女は意を決したように、

「タケルさん、どうか心配しないで。私があなたの身代わりとなり海に入りましょう。そしてあなたは海を渡り、戦い続けて。どうかあなたが信じる道を行って。さようなら」

そう言うと、夫の言葉も待たず海に身を投げたのです。「やめろー！　妻よ、逝くなー！」と叫ぶヤマトタケル。すると、どうでしょう。あれほど荒れ狂っていた海は、オトタチバナヒメを呑み込むと嘘のようにスッと静かになり、舟は無事に海を渡ることができたのです。

あまりにも大きな代償を払うことになった彼の元には、妻が身に着けていた櫛《くし》だけが残りました。海辺に流れ着いたそれは、「大事な人、私はいつだってあなたを愛しているわ」と言っているようでした。悲しみに暮れるヤマトタケルは、御陵を造ってその櫛を納めます。そうして自分の役割を果たすため、妻の思いを無駄にしないために旅を続ける決心をしたのです。

しかし、残念ながらその思いを遂げることはありませんでした。伊吹山の神との戦いに敗れ、ついに力尽きる時がやってきます。すると生前に語っていた「私は空を飛んででも行こうと思っている」という言葉そのままに、その魂は美しい白鳥となり、広く大きな空に飛び

立っていったと伝えられています。長い戦いの日々が、ようやく終わった時です。ヤマトタケルの魂は、今も父の愛を求めているのでしょうか。それとも、自分を心から愛してくれたオトタチバナヒメの御霊のそばにいるのでしょうか。

僕は……僕はきっと、愛する妻のそばにいると信じています。

そうして、その悲劇の英雄ヤマトタケルの血は受け継がれ、子どもが第14代仲哀《ちゅうあい》天皇となりました。しかし、ここでも悲劇が起きます。

ある時、神様から「西の方に国がある。その国を帰服させよ」との御神託が下った時のこと。それを聞いた天皇は、

「はあ？　何言ってんだよ、高いところから西を見ても何も見えないじゃねーか。この神様、嘘ついてんじゃねーの？」

と、あろうことか神様を嘘つき呼ばわりした挙げ句に、御神託を無視。

するとそれに神様が怒ったのか、天皇はあっという間に崩御《ほうぎょ》（天皇が亡くなること）されてしまったのです。

こうなると慌てたのは残された者たちです。なんとか神様にご機嫌を直してもらうべく、

改めて御神託を伺うと次のことがわかりました。
・これはアマテラスの意思であること
・住吉の三神（アマテラスが誓約で生み出した三柱の神様）を舟に乗せて海を渡ること
・西方の国を帰服させること

なんと、あの最高神アマテラスを、嘘つき呼ばわりしていたんですね。それはダメ、まさにアマテラスを裏切って殺されたアメノワカヒコ状態ではありませんか。そんなわけで「これはなんとしてでも言われた通りにしなければ」と、代わりに妻である神功皇后《じんぐうこうごう》が実行することになりました。それが海を越えて朝鮮半島を攻めた「三韓征伐《さんかんせいばつ》」です。

その戦いの最中、お腹の中には後に第15代応神天皇となるホムダワケがいたのですが、産気づいた時には石をお腹に巻き付けて辛抱を。そして帰り着くと同時に、無事に出産をしました。そのため、母親のお腹の中にいながらも戦いを勝利に導いたことから、応神天皇は勝負運の神様として今なお敬われています。特に源氏が氏神としたことから、武士からの信仰が篤く、今なお全国に八幡の名が付く神社が数多くありますね。

また、父の仲哀天皇、母の神功皇后、そして子である応神天皇の三柱で祀られていることが多いのは、このような逸話あってこそなのです。

そしてさらに時代は流れて、第21代雄略天皇の御代に移ります。

雄略天皇が葛城山《かつらぎやま》に鹿狩りに行った時のこと。突然、まったく同じ姿形の一行が現れました！　ええ？　どういうこと？　この国に天皇が二人といるはずはありません。不審に思った天皇一行は、彼らに対して矢を弓につがえて戦闘態勢に入ると、なんと相手も同じように矢をこちらに向けてくるではありませんか。そこで天皇は、

「名を名乗られよ」

と問いただします。すると、

「我は悪いことも良いこともすべて一言で言い放つ、一言主大神である」

と高らかに宣言したのです。葛城山の神

様だと聞き、天皇は大層畏まって、

「これはとんだ無礼をいたしました。申し訳ありません。私たちは人間であるが故、あなたさまが神様であることに気付きませんでした」

と頭を下げると、供の者たちに命じて太刀や弓矢、着物をすべて脱いで献上することに。

一言主大神はそんな天皇一行を、山の峰から麓までトコトコと一緒に歩いて送ってくれたということです。なんか可愛い。

ちなみに日本書紀ではこの後、一緒に狩りを楽しんだと書かれていることから、いたずら好きで親しみのある神様、という感じがして僕はとても好きなんですよ。その証拠に日本最古の説話集である「日本霊異記《にほんりょういき》」（正式名称は、日本国現報善悪霊異記）では修験道の開祖、役行者《えんのぎょうじゃ》に使役される立場で登場し、仕事をサボって罰を受けるという話も伝わっているほど人間くさい。それだけ人と同じ目線に立って物事を考えてくれる神様な気がします。

また、伊勢の豊受大神宮（外宮）の社殿「止由気宮儀式帳《とゆけぐうぎしきちょう》」によればある日、雄略天皇の夢にアマテラスが現れて「一人じゃやっぱり寂しいぞ。食事の世話をしてくれる女神を丹波より連れてまいれ」と言われたとされています。慌てて捜索させ、丹波国でトヨウケを見つけると、伊勢にお迎えして外宮にお祀りしたのです。

長く壮大な物語でしたね。でもね、このように神々のお話は、そのまま天皇のお話、つまり人間の歴史へと移行していったんです。だから、神様と人間というのは境がなくて、同一線上に位置している存在ということ。そのため古事記は「ふることふみ」とも言われているんですよ。要は「むかしばなし」。

そう。神様のお話は、僕たち日本人にとってのむかしばなしというわけです。

第3章

天地開闢《てんちかいびゃく》からイザナギ夫婦に関係する神様

すべての始まりは私から！　なんか知らんけど

アメノミナカヌシ

天之御中主神

祀られている神社

相馬中村神社（福島）、
千葉神社（千葉）、全国の水天宮など

御神徳

安産子宝、国家安寧、
開運招福、健康長寿

古事記の冒頭で、天と地が分かれた時に高天原に最初に登場した神様。そのため宇宙の根源神として多くの信仰を集め、大変大きなご利益をくださいます。実際にこの後に登場するタカミムスヒとカミムスヒと共に「造化の三神」とも称され、その筆頭とされることからも、いかに偉大かがわかりますね。

ところが、ところが！　アメノミナカヌシは古事記ではすぐに身を隠して、その後の登場はありません。日本書紀に至っては本文には登場せず、「一書に曰く」にのみ姿が見えるというミステリアスな側面も。そのためか、平安時代に成立した「延喜式神名帳」には祀る神社がひとつも存在しなかったというから驚きです。

しかし、力のある神様は必ず人々に慕われます。近世になってから北極星信仰や仏教の妙見《みょうけん》信仰と習合して、広く世に知られるようになりました。何を隠そう、僕たちが困った時に駆け込む相馬中村神社（福島）も、地元では「妙見さん」と親しまれ、東京・日本橋の水天宮も安産祈願で有名です。宇宙の根源から湧き出るエネルギーで、大きな運気を頂けます。

ガガのワンポイントアドバイス

たとえ道に迷っても、原点を忘れなければ大丈夫だがね。来た道を戻り、やり直せばいい。それでももし迷うことがあったら、アメノミナカヌシを頼るといいぞ。宇宙の根源から湧き上がるエネルギーで、正しい道を示し、願いを成就させてくれるだろう。迷ったらここだ。

高天原のザ・フィクサー

タカミムスヒ

高御産巣日神／高木神

祀られている神社

安達太良神社（福島）、東京大神宮（東京）、高城神社（埼玉）など

御神徳

延命長寿、五穀豊穣、開運招福、厄除開運

古事記で2番目に登場し、アメノミナカヌシ同様にすぐに身を隠してしまった神様です。しかし、違うのはいつの間にか高天原でアマテラスの側近となり、息子であるオモイカネも作戦参謀を務めているという点。そう、ちゃっかり高天原で一族の地位を築いているのですね。

それだけじゃないんですよ。なんと娘のヨロズハタトヨアキツシヒメ（万幡豊秋津師比売命）をアマテラスの長男アメノオシホミミに嫁がせていることから、天孫ニニギの外祖父にあたることに！ 日本では、藤原氏など有力貴族が娘を天皇に嫁がせることで影響力を行使した歴史ありですが、まさに神様界での陰の権力者と言っていいでしょう。実際に、天岩屋戸や国譲り、天孫降臨に神武天皇の東征におけるまで重要な場面では常に登場して指示を送っていたのだから、侮れません。

また、神名の「ムス」は苔が生すという意味があり、偉大な生成の神様でもあります。

高天原のフィクサーであり、生成の力を持った偉大な神様から、大いなる御神徳を！

ガガのワンポイントアドバイス

かつて日本では、アマテラスではなくタカミムスヒを最高神としていたと言われるほどの神格を持つ神だがね。その証拠に皇室の守護神である「宮《きゅう》中八神《ちゅうはっしん》」ではカミムスヒと並んで、筆頭となっている。神様界をコントロールするほどの力があるがね。大きな願いがある時は頼りたまえ。

実は、オオクニヌシの別班です

カミムスヒ

神産巣日神

祀られている神社

安達太良神社（福島）、東京大神宮（東京）、神魂伊能知奴志神社（出雲大社摂社）など

御神徳

延命長寿、無病息災、五穀豊穣、良縁成就

古事記ではアメノミナカヌシ、タカミムスヒに次いで3番目に登場した神様であり、造化の三神の一柱として万物を生み出す役割を担ってきた神様です。

しかし、高天原に最初に現れたにもかかわらず、タカミムスヒが天上の高天原のフィクサーであったのに対して、カミムスヒは地上、つまり葦原中国を治めたオオクニヌシを陰から支えた神様であるのが最大の特徴。

そしてタカミムスヒと同様に神命に「ムス」（生す）が付き、同じ「生成」の役割を担うものの、その内容は微妙に異なります。タカミムスヒが別名「高木神」と呼ばれて自然の生成を担ったのに対して、オオクニヌシの命を何度も生き返らせたり、スサノオが五穀の女神オオゲツヒメを殺した際には代わりに五穀の管理を命じたりと、やたらと「死」に関する場面で登場します。

これにより生命の再生、蘇生復活を担っていたといえます。

延命長寿や無病息災など、生命を強くする御神徳があるのは必然でしょう。

ガガのワンポイントアドバイス

カミムスヒは、息子スクナビコナを派遣して国造りを支援した。そして今なお出雲大社の摂社、神魂《かみむすび》伊《い》能《の》知《ち》奴《ぬ》志神社《しのかみのやしろ》（命主社《いのちぬしのやしろ》）に祀られてオオクニヌシを支えているがね。生命の再生を司る偉大な神様には、健康や延命長寿だけでなく、大地の恵みである五穀豊穣にも大きな御神徳があるぞ。

クニノトコタチ

その姿はまだ誰も知らない……

国之常立神

祀られている神社

熊野速玉大社（和歌山）、
玉置神社（奈良）、日枝神社（東京）など

御神徳

国土安寧、厄除開運、
立身出世、開運招福

クニノトコタチは大地を神格化した神様とも言われ、神世七代の最初に登場する神様です。だがしかし！　実は日本書紀ではアメノミナカヌシなど造化の三神を差し置いて、この世界に一番最初に姿を現したとされているのです。その描写を見てみましょう。

「時に、天地の中に一物《ひとつのもの》生《な》れり。状葦牙《かたちあしかび》の如し。便《すなわ》ち神と化為《な》る。国常立尊と号《まう》す。」

（天と地の中に葦の芽のようなものが生まれて神となった。その名をクニノトコタチ）

ほらね、つまり日本書紀においては天地開闢に関わるきわめて重要な役どころであると想像できるでしょ？　ここで注目すべきは「葦の芽」という表記です。葦は日本の湿地帯によく見られることから、地上世界を葦原中国と称していたこと。それだけ日本人にとって、葦は大地になじみ深い植物であり、この国の根源たる偉大な神様として考えられていたことがわかります。

あまりにその力が強大だったためか、「封印された神様」「追放された神様」と捉えた神道の流派では、クニノトコタチを宇宙の根源神と見なしているくらいです。

ガガのワンポイントアドバイス

古事記や日本書紀では目立った活躍の記載はないが、国土形成に大きな役割を担ったパワフルな神様だ。その証拠に、熊野信仰の中心地である熊野三山のひとつ、熊野速玉大社で第三殿に祀られているがね。そのため多くのご利益も期待できるから、困った時は素直に頼ってみるといいだろう。

愛と憎しみは背中合わせ

イザナギ イザナミ

伊邪那岐神

伊邪那美命

祀られている神社

伊弉諾神宮（兵庫）、多賀大社（滋賀）、三峯神社（埼玉）、全国の多賀神社など

御神徳

延命長寿、夫婦円満、安産子宝、家内安全

カッコよく言えば「神世七代」の二柱であり、国土や八百万の神々を生み出した偉大なる夫婦神。だけど、この二柱の古事記冒頭でのドタバタ劇は読んだ人に「えっ、これが神様？」と疑問に思わせる破壊力を秘めています。

なにしろ夫イザナギは妻が火の神ヒノカグツチを生んだことが原因で大火傷を負い死んだことを恨み、息子を斬り殺して日本初の殺人（殺神）を犯しちゃう。その上、諦めきれずに黄泉の国まで追いかけていく始末。「見るな」と言われた妻の姿を覗き見して、怖くなって逃げ出すとか、めちゃくちゃ。壮絶な夫婦喧嘩の末に、売り言葉に買い言葉で人間の生き死にのルールまで決めちゃうという……。

ですが同時に、僕らに大きな希望を与えてくれる神様でもあるのもまた事実。

これだけの失敗を繰り返しながらも後悔せずに前を向き、自分に正直に行動し続けた結果、イザナギは偉大なる三貴神（アマテラス・スサノオ・ツクヨミ）を生み出し、最高神の父神となったのだから。

ガガのワンポイントアドバイス

三貴神を始め偉大な神々を生み出した夫婦神だが、亡くなったイザナミは黄泉の国で死を司る黄泉大神となった。これにより「生」と「死」の両方を兼ね備えた神様と言える。昔は「伊勢に参らばお多賀に参れ　お伊勢お多賀の子じゃ　孫じゃ」と歌われたほど、信仰も篤い神様だぞ。あやかりたい。

燃える悲劇のいい男

ヒノカグツチ

火之迦具土神

祀られている神社

総本宮京都愛宕神社（京都）、秋葉山本宮秋葉神社（静岡）、全国の愛宕神社、秋葉神社など

御神徳

火除開運、家内安全、鍛冶繁栄、武運長久

ヒノカグツチは、母イザナミから生まれてすぐに母に火傷を負わせて父に殺されてしまいます。もう、なんともいたたまれない神様です。これだけ悲惨な目に遭ったら普通は、「なんでオレばかりがこんな目に!?」と不満を覚えるのも当然。だけど彼は違いました。

「人々には自分のような思いはさせない。火の災いで悲しい思いをさせたくないんだ」

という一心で、火難除けの神様として全国の愛宕神社や秋葉神社に祀られ、僕たちを守ってくれているのです（や、優しい）。

きっと彼も悲しかったことでしょう。言いたいこともあったに違いありません。実際、その感情を吐き出すように、飛び散った血から八柱、死体からも八柱の神様を誕生させているのです。その中にはその後、大きな活躍を見せる神様や、龍神の姿もありました。そうして最後の最後まで人間を思い、今なお僕たちを見守ってくれている神様なのです。

しかも、火は鍛冶や陶器作りにも欠かせません。そのため、家内安全や鍛冶の神としての御神徳も。僕が大好きな神様ですよ。

秋葉山本宮秋葉神社は、古くから武田信玄や豊臣秀吉など、名だたる武将が日本刀を奉納してきた歴史がある。刀を打つにも火の力に依るところが大きいから、その御神徳にあずかったのだ。勝負運をも大きく左右する力があるので、大事な仕事の前に参拝するといいだろう。

鍛冶の神は、金色のトビで心理戦

カナヤマビコ カナヤマビメ

金山毘古神
金山毘売神

祀られている神社

金屋子神社（島根）、南宮大社（岐阜）、黄金山神社（宮城）など

御神徳

産業振興、商売繁盛、金運向上、厄除開運

イザナミがヒノカグツチを生んだことで大火傷を負って苦しんでいる時に、その嘔吐物から生まれた神様です。嘔吐物が溶かされた鉱物と類似しているためか、鉱物の神様となり、鉱山や鉄鋼業の他、刀や包丁、鍬、鋤など加工されたものも含めて、鍛冶の神様としても日本の産業を支えてきた陰の功労者と言えるでしょう。

江戸時代に下原重仲《しもはらしげなか》によって書かれた「鉄山《てつざん》必用記事《ひつようきじ》」には、播磨地方で雨乞いをしたところ神様が舞い降りて「鉄器をつくり五穀豊穣を祈念すること」と、神勅を下したとされています。その後、白鷺《しらさぎ》に乗って西方へと飛び去り、出雲国能義《のぎ》郡（現在の安来市）に舞い降りたその神様こそカナヤマヒコであり、その神勅に従って始められた「たたら製鉄」は中国地方一帯に広まって、広大な信仰圏が形成されたのです。それを「金屋子信仰」と言います。

母イザナミの住む黄泉の国への入り口「よもつひらさか」が出雲地方にあるのも、助力を受けやすい環境だった？とか、そんなふうに考えると、とてもロマンがあります。

ガガのワンポイントアドバイス

南宮大社の社伝によれば、神武天皇東征の際には、金色のトビを飛ばしたとされている。その時に神武天皇の持つ弓の上でトビは光り輝き、敵軍の目を眩ませたことで、窮地から救ったのだ。黄金に光り輝くトビを操り厄災を祓ったことで、厄除開運や金運向上のご利益も期待できるがね。

埴輪は畑を耕して、時には鎮火もいたします

ハニヤスヒコ
ハニヤスヒメ

波邇夜須毘古神

波邇夜須毘売神

祀られている神社

総本宮京都愛宕神社（京都）、
榛名神社（群馬）、大井神社（静岡）など

御神徳

開墾守護、陶芸守護、
火除開運、五穀豊穣

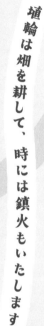

カナヤマヒコ、カナヤマヒメと同様に、イザナミが苦しんでいる時にその排泄物（糞）から生まれたのがハニヤスヒコとハニヤスヒメの男女神。

「ハニヤス」とは「埴粘」のことで、粘土を表す古語。いわゆる土を司る神様であり、尿から生まれた水の神ミズハノメと一緒になることで肥料の神様ともされています。日本の神様は、とにかく連携が大得意！

しかも「土」と聞いて連想する農業だけではなく、土と関係の深い陶芸や造園、土木関係にまで広く活躍しているのです。その姿は、田植えをする神々に交じって働いている様子が絵に描かれるほどで、本当に働き者なんですよね。ちなみに、粘土で作られた埴輪のモデルにもなったと言われています。

しかも日本書紀では、ハニヤスヒメはヒノカグツチと結婚して穀物の神ワクムスヒが生まれたとされているから、土がいかに五穀の実りに重要なものかを表現しているかがわかります。

働き者で、かつ土に関する分野すべてに幅広く活躍する神様です。

ガガのワンポイントアドバイス

この神様の御神徳は「土」だけではないぞ。延喜式に掲載された「鎮火祭祝詞」には、荒ぶる火の神から人々を守るためにイザナギが二柱の異称である埴山姫を生んだと記されているのだよ。「鎮火の神」として、愛宕神社を始め、火伏せの霊験のある神社でも重要な神様として祀られているぞ。

生命の根源よ。水を撒いて耕して

ミズハノメ

弥都波能売神

祀られている神社

丹生川上神社中社（奈良）、岡太神社（大滝神社摂社）、神社に祀られる水神など

御神徳

安産子宝、祈雨止雨、商売繁盛、五穀豊穣

イザナミが火傷で床に伏せている時に、尿として生まれたのが水の神ミズハノメです。

水神と聞けば龍にも例えられ、ひとたび怒らせると、川の氾濫や洪水を引き起こすと信じられていましたが、この神様はもっと身近で非常に穏やか。名前の由来も「水が走る」という意味で、水を流す灌漑《かんがい》用水や井戸水が、田畑を潤し生活を豊かにしてくれるように僕たちを助けてくれる存在です。生活に欠かせない井戸の女神としても、崇敬されてきました。

生活に根付いた身近な神様なので、主祀神としている神社はあまりないけれど、多くの神社の摂社や末社などで水神として信仰されています。

また、同じく水を司るクラオカミとも相性がよく、奈良の丹生川上神社はミズハノメが主祀神ですが、上社と下社にはタカオカミとクラオカミが祀られているのです。「オカミ」とは龍の古語ですから、「静のミズハノメ、動の龍神」として、生命の根源たる水を守ってくれている神様です。ありがたい。

ガガのワンポイントアドバイス

ミズハノメには和紙の神様の側面もあってな、福井県の大滝神社の摂社、岡太神社には、和紙の製法を伝えた美しい女神の伝説が残されている。その女神こそがミズハノメであり、現代でも川上御前と呼んで祀られている。これが越前和紙の始まりさ。水は様々なものを生み出す生命の根源だ。

意外ですけど、外宮の女神トヨウケの母親です

ワクムスビ

和久産巣日神

祀られている神社

総本宮京都愛宕神社（京都）、竹駒神社（宮城）、安積国造神社（福島）など

御神徳

五穀豊穣、農業繁栄、養蚕繁栄、子孫繁栄

ワクムスビは、ミズハノメと同じくイザナミの尿から生まれた神様です。日本書紀では、土の神ハニヤスヒメと火の神ヒノカグツチの間に生まれたとされていますが、いずれにしてもイザナミが火傷で苦しんでいる時に生まれた神様であることには変わりありません。つまりイザナミが亡くなる場面に生み出した神様が、「火」（ヒノカグツチ）、「金」（鉱山）（カナヤマヒコ・カナヤマヒメ）、「土」（ハニヤスヒコ・ハニヤスヒメ）、「水」（ミズハノメ）に続いて、このワクムスビが五穀の神様として「木」とするならば、五行説で世界の根源とする木火土金水の五元素すべてがそろったことになるわけです。この時点で、この世界の基礎が出来上がったとみていいでしょう。そしてそのトリを飾ったのが五穀の神様というのが、穀物が豊かに実るこの国らしいところ。

「ワク」は若い、「ムス」は生すの意味があるので、若々しい五穀の種が生き生きと育つ様子が神名にも表れています。後に、伊勢神宮外宮でアマテラスの食事のお世話をするトヨウケは娘にあたるので、日本に欠かせない神様です。

ガガのワンポイントアドバイス

日本書紀にその容姿が詳しく書かれていてな。頭の上には蚕と桑が乗り、ヘソの中には五穀（粟、稗、稲、麦、大小豆）が生っていたとされている。まさに、養蚕や食物を司る神様と言える。そのため食物と関係する神様、特に稲荷の神ウカノミタマと共に祀られていることが多いぞ。

その話、おまとめします。謎に包まれた女神のひと言で

ククリヒメ

菊理媛神

祀られている神社

白山比咩神社（石川）、
白山神社（新潟）、全国の白山神社など

御神徳

良縁成就、安産子宝、
夫婦円満、家内安全

石川、福井、岐阜の3県にわたって高くそびえる霊峰白山。そこから全国に広がる白山信仰の主祀神です。ところがククリヒメは、古事記には一切登場せず、日本書紀にも「一書に曰く」にのみ登場するという、大変にミステリアスな女神です。

イザナギとイザナミが現世と黄泉の境である、よもつひらさかで言い争っていた時のこと。ククリヒメが「是《こ》の時に、菊理《くくり》媛神《ひめのかみ》、亦白《またまう》す事有り」と、イザナギに何やら耳打ちをします。ここで何を言われたかは書かれていません。しかし、それを聞いたイザナギは彼女を褒め、その場を去った。つまり、それまであんなに言い争っていたのが嘘のように二柱は別れ、イザナミは黄泉へ、イザナギも現世へと素直に戻ったのです。これを「仲直りをさせた」という解釈がなされていますが、謎が残ります。

単に場をまとめるのがうまかったのか？　それとも神様をも幻惑させる霊力を兼ね備えていたのか……。いずれにせよ、そんな謎に包まれた女神は、今もなお人々の縁を括り、社会の調和を取り成してくれています。

ガガのワンポイントアドバイス

霊峰白山の白山比咩神と同一視されるようになった経緯は今もなお謎だが、一説には巫女として死者と生者との橋渡しや穢れを祓う役割があったとも言われている。いずれにせよ、日本を代表する夫婦神のもめ事を解決した手腕は驚愕だ。面倒な問題を解決したい時に頼るといいだろう。

俺たち海の信号機

住吉三神

底筒之男命、中筒之男命、上筒之男命

祀られている神社

住吉大社（大阪）、香椎宮（福岡）、住吉神社（福岡）、全国の住吉神社など

御神徳

航海安全、交通安全、和歌上達、漁業繁栄、造船繁栄

住吉三神は、イザナミが水の中で禊ぎをした時に誕生した三柱の神様の総称です。

水底で体を洗った時にソコツツノオが、中ほどで洗うとナカツツノオが、水上で洗うとウワツツノオが生まれたと言います。

古事記では「底筒之男命、中筒之男命、上筒之男命三柱の神は、墨江《すみのえ》の三前《みまえ》の大神《おおかみ》なり」と表現されていて、ここで墨江は住吉の古称となります。

さて、彼らは水の中から生まれたことで海の神様として信仰されたわけですが、その活躍が最初に描かれたのは神功皇后が朝鮮半島に遠征した時でした。当時は海を渡るのも命がけ。ですが、住吉三神のご加護で無事に辿り着いたばかりか、戦いにも勝利を収めることができたんですね。それに感謝して摂津国に創建されたのが、住吉大社というわけです。

そして今なお航海の安全のみならず、漁業や造船業など海にまつわるもののすべてを守護してくれています。壮大な神様方ですね。

また、人の姿で現れる神様としても知られ、白髪の翁として描かれることもありました。

ガガのワンポイントアドバイス

住吉三神は、和歌の神としての顔もあるのだよ。住吉大社の縁起では、「和歌で神託が下ったとも伝えられ、平安時代の歌物語「伊勢物語」には住吉三神が詠んだとされる歌も掲載されているがね。大阪で「すみよっさん」と親しまれる海の守護神は、そんな知的さも兼ね備えていたのだよ。

第4章

アマテラスとスサノオに連なる神様

アマテラス

天照大御神

人間味と光あふれる、日本の最高神

祀られている神社

皇大神宮＝伊勢神宮内宮（伊勢）、
全国の神宮、神明社、皇大神社など

御神徳

国家安寧、五穀豊穣、
子孫繁栄、開運招福

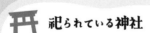

言わずと知れた日本の最高神であり、イザナミが禊ぎで生み出した三貴神の一柱です。

そんな最高神もかつては、弟スサノオの粗暴さに何も言えず、引き籠もってしまった（天岩屋戸神話）過去があります。神々の力で引き出されたものの、今度はオオクニヌシが地上世界を平定すると、それを欲しがるワガママな側面もありました。それでも神々も人間も、彼女を最高神として畏れ敬うのはアマテラスの御神徳ゆえ。なぜなら彼女は生まれた瞬間から最高神だったからです。

外国の神話ではほとんどが戦いの末に最高神の座を手にしています。しかし、日本の最高神は生まれながらの最高神であり、みんながそれに従った。戦うことなく、誰一人傷つかずに。

それはなぜか？　その理由は「みんなの声を聞いた」からなのです。彼女はどんなことでも神々を集めて意見を聞きました。そして結論を出してきた。日本の最高神は、権威であって権力ではなかった。それ故にこの国で最高神であり続けたのです、今もなお。

ガガのワンポイントアドバイス

アマテラスはちょっと寂しがりやでな。第21代雄略天皇の夢枕に立たれて「一人じゃ食事も寂しいから、丹波国からトヨウケを呼んできてちょうだい！」と要求したがね。それからトヨウケは外宮で「日別朝夕大御饌祭《ひごとあさゆうおおみけさい》」という食事の世話を1500年、一日も欠かさず続けているのだよ。

元祖ヤンチャボーイは愛妻家

スサノオ

建速須佐之男命

祀られている神社

八坂神社（京都）、須我神社（島根）、全国の八坂神社、八雲神社、氷川神社など

御神徳

五穀豊穣、無病息災、夫婦円満、必勝祈願

イザナギが生んだ三貴神の一柱です。この神様の紹介にはどうしても「暴れん坊」のイメージが付きまとうのですが、高天原での大暴れ＆追放事件があったのだから致し方ないところでしょう。しかし、彼にはそれをもってしても余りある魅力があることも事実。それは邪心がないことです。ただ母親に甘えたいとか、姉にわかってほしいとか、心のままに振る舞っただけで、まるで大きな子どもです。日本書紀の「一書に曰く」では、イザナギとイザナミが不完全な神ヒルコを生んだ後に生まれたとあるから、やはり少し不完全な神だったのかも。

しかし葦原中国では恋した娘と結婚して八岐大蛇を退治して、義父母と住む二世帯住宅を建てました。終いには、華麗な和歌を詠むほどの知性も身につけました。愛する人（神）のために成長できる純粋さが一番のスサノオの武器。しかも平安時代には、祇園精舎に住む牛頭天王と同一視されて蔓延する疫病を退散させています。これが京都祇園祭の始まり。

好きなものにはとことんまで真っすぐで、人を陥れることがない英雄神なのです。

ガガのワンポイントアドバイス

オオクニヌシは直系の子孫であり、娘スセリビメが嫁いだ義理の息子だ。そのため、今もなお出雲大社では、本殿の背後にある素鵞社から監視するかのようにオオクニヌシを見ているがね。やはり可愛い娘をとられた父親の気持ちは、人間も神様も同じ。そんな人間くささもスサノオの魅力だな。

ミステリーと言わないで……

ツクヨミ

月読命

祀られている神社

月読宮（伊勢神宮内宮別宮）、月山神社（山形）、月読神社（松尾大社摂社）など

御神徳

五穀豊穣、漁業繁栄、航海安全、家内安全

アマテラス、スサノオと共に三貴神の一柱に数えられるものの、その後の登場はない非常にミステリアスな神様です。まさに夜の世界を司り、闇に紛れた存在のよう。

神名も「月を読む」と書くように、夜空に浮かぶ月から暦を読んで農耕や漁業を助けたとされています。日本ではかつては月の満ち欠けから、種まきや刈り入れ、魚の産卵期などを判断しました。このため農耕の神として五穀豊穣、漁猟の神として漁業繁栄の御神徳もあるのです。また、興味深いのは最古の和歌集「万葉集」に詠まれた次の歌。

天橋《あまはし》も　長くもがも　高山も高くもがも　月《つく》夜見《よみ》の　持てる越水《をちみず》　い取り来て　君に奉りて　をち得てしかも

これは、梯子や山がもっと高ければツクヨミが持つ「越水」をもらい、あなたを若返らせてあげたのにという歌なのですが、つまりツクヨミには人を若返らせる力があったことを匂わせています。そんな人間の死生観をも手中に収める陰の支配者に、人は魅了される気がしてなりません。うーん、ミステリー。

ガガのワンポイントアドバイス

アマテラスが太陽で、ツクヨミは月。昼と夜の対比は時として、生と死の表現とされる。山形県の月山は、出羽三山（月山、羽黒山、湯殿山）の中でも、「過去」を司り死後の安楽と往生を祈る山とされた。時空を超えて人の生死にまで関わる謎の神様だ。秘めたる願いを叶えてくれるだろう。

私たち神様Perfume♡　繰り返すこのポリリズム

宗像三女神

多紀理毘売命、市寸島比売命、多岐都比売命

祀られている神社

宗像大社（福岡）、厳島神社（広島）、全国の宗像神社、厳島神社など

御神徳

交通安全、航海安全、国家安寧、金運向上

スサノオが身の潔白を証明するために生み出した三姉妹。同じ海上交通の守護神とされる住吉三神が三兄弟なのに対して美しい女神、まさに神様Ｐｅｒｆｕｍｅ的な存在です。しかも別名「道主貴《みちぬしのむち》」とも呼ばれ海上安全や交通安全だけでなく、武道に茶道など、あらゆる道を司るとか。この「貴」とは最も高貴な神様にのみ使われる称号で、他には大日孁貴《おおひるめのむち》（アマテラス）と大己貴《おおなむち》（オオクニヌシ）の二柱のみしかいないというからこれまた驚きです。

しかも次女イチキシマヒメは、七福神の紅一点である弁財天としても活躍。長女タギリヒメと三女タギツヒメは縁結びで有名なオオクニヌシに嫁いで、長女はアマテラスの御子アメノワカヒコの妻となるシタテルヒメ（下光比売命）を、三女はえびす様となるコトシロヌシを生んでいるのです。まさに福を呼ぶ最強三姉妹！

しかも先述したように彼女たちは海上交通のエキスパート。渡航が盛んになった大和朝廷時代には日本で最初の交通安全の祈願が行われたほどです。

ガガのワンポイントアドバイス

これは日本書紀に書かれているのだが、三姉妹はアマテラスの神勅で地上へ降ってきたのだよ。「天孫を助け奉れ」と、アマテラスが直々に神勅を下したのは孫であるニニギ以外では彼女たちだけなのさ。それだけ最高神の信頼も厚い、貴い神様なのだよ。金運や財運にご利益があるがね。

終わりよければとりあえずよし

オモイカネ

思金神

祀られている神社

秩父神社（埼玉）、戸隠神社中社（長野）、日前神宮（和歌山）など

御神徳

学問上達、立身出世、技術向上、開運招福

知恵が豊富とされ、高天原で作戦参謀として活躍した神様。天岩屋戸神話では、閉じ籠もったアマテラスを外へ連れ出す方法を考えたことでも有名です。

とはいえよーく読んでみると、意外と失敗も多いのが興味深いところ。オオクニヌシから国を譲ってもらう交渉役を誰にするかを決めるにも、アメノホヒやアメノワカヒコを推薦するものの失敗！　業を煮やしたアマテラスから、「いい加減にして！　誰か行ってちゃんと確認してきなさい！」と叱責されて、頭を抱えたこともありました。

しかし何事も、終わりよければとりあえずよし。最後に派遣したタケミカヅチが見事に大役を果たして、面目躍如となったのです。

知恵の神様だって、一度で成功したわけじゃなかった。何度も失敗を重ねながら、それを糧に大きなことを成し遂げ、結果的に成功者になりました。その証拠に彼は、アマテラスからの信頼を手に入れ、天孫ニニギのお供として降臨する時に「この鏡を私の御魂として、祀り続けるのですよ」という大役を任されたのですから。

ガガのワンポイントアドバイス

彼は思慮深く、多くの知識を兼ね備えている。そのため、受験や学問の神様としても人気だな。ちなみにオモイカネの十世孫の知知夫彦命《ちちぶひこのみこと》が第10代崇神天皇より知々夫国造（後の武蔵国秩父郡）に任命された。その時に祖神であるオモイカネを祀ったのが秩父神社の始まりなのさ。

ダンスダンス神様レボリューション

アメノウズメ

天宇受賣命

祀られている神社

佐瑠女神社（猿田彦神社境内社）、
戸隠神社火之御子社（長野）、
芸能神社（京都）など

御神徳

技芸上達、夫婦円満、
良縁成就、開運招福

日本最初のダンサーといえばこの方、アメノウズメです！　天岩屋戸の前で踊った姿は、八百万の神々を魅了。そのパワーは、喝采《かっさい》と笑い声で、閉じ籠もっていたアマテラスでさえ思わず戸を開けちゃったくらい。人々を魅了したい芸能人などが、技芸上達の御神徳にあずかろうと京都の芸能神社に殺到するのも当然ですね。

　そんなアメノウズメは、何事にも動じない強さも持っていました。天孫ニニギに付き従って天から降る時に、得体の知れない神様が道に立ちはだかっていた時のこと。他の神々が警戒する中、ズイッと進み出て「あんた、誰？」と相手の正体を明かしてしまう、肝の据わった女神だったのです。後に、そこで出会ったサルタヒコと結婚。その子孫は猿女君《さるめのきみ》と呼ばれ、朝廷の祭祀に携わったと言われています。

　しかし怒らせると怖い側面も。ある時、魚たちを集めて「天孫に仕えるか？」と尋ねると、ナマコだけが何も答えないので、ナマコの口を小刀で切り裂いたのです（ひゃー！）。それでナマコの口は今も裂けているとか……。

ガガのワンポイントアドバイス

社殿の屋根の両端で、交差し高く突き出ている部分があり、これを「千《ち》木《ぎ》」と言う。一般的に、切り口が外を向いている外削ぎは男神が、上を向いている内削ぎは女神が祀られていることが多いのだ。しかし、猿田彦神社は内削ぎなのだ。境内社にいる妻の方が強い、かかあ天下夫婦なのかもな。

ビヴラート響かせ声自慢、日本最初の祝詞奏上

アメノコヤネ

天児屋命

祀られている神社

春日大社（奈良）、枚岡神社（大阪）、吉田神社（京都）、全国の春日神社など

御神徳

国家安寧、学問上達、立身出世、開運招福

神社でご祈祷する時に神主さんが「かけまくも〜」と祝詞を奏上するのを聞いたことがあると思います。その祝詞を日本で最初に奏上したのが、アメノコヤネ。古事記にも「天《あめの》児《こ》屋命《やねのみこと》、太詔《ふとのり》戸《と》言《ごと》祷《ほ》き白《まを》して」と記されています。ここで「太」とは「立派である」の意味があり、アマテラスの素晴らしさを褒め称えることで、気持ちよくお出ましになってもらったことがわかります。言葉にはそれだけの力があり、それを自在に操る神様だったのです。

祝詞を奏上することは祭りを執行するのと同じ意味があり、この神様が神祇を祭祀する役割があったことがわかります。そのため日本書紀で「中臣連の遠祖天児屋命」と子孫であることが書かれている中臣氏は、神と人とを取り持つ役割を代々担うことになっており、皇大神宮（伊勢神宮内宮）の祭主を長年務めた家柄となったのです。

奈良の春日大社も中臣氏とその一族のひとつである藤原氏が氏神としていることから、「学問上達」や「立身出世」の御神徳もあるとして、今なお多くの参拝者が訪れています。

ガガのワンポイントアドバイス

大和言葉には言霊が宿ると言われているが、それを最初に体現した神様だ。人の心を動かし、物事を進みやすくする効果が言葉にはある。神と人とのコミュニケーションがうまくとれるよう、力を借りてみるといいぞ。神社で祝詞を聞くことがあれば、この神様のことを思い出してほしい。

趣味は占い、そして祭事の道具もお任せを

フトダマ

布刀玉命

祀られている神社

安房神社（千葉）、大麻比古神社（徳島）、
天太玉命神社（奈良）など

御神徳

産業繁栄、災難除け、
厄除開運、開運招福

この神様は、とにかく手先が器用で発想力豊か！　神社でよく見かける注連縄や、ご祈祷の際に捧げる玉串など、祭礼儀式に必要な道具を日本で最初に作った神様です。

天岩屋戸神話でも彼が、アマテラスを誘い出すための大きな玉串や八尺の勾玉、八咫の鏡などの道具を用意したおかげで、作戦が大成功したと言っても過言ではありません。道具開発を得意とすることで多くの人が「産業繁栄」を期待するのも無理からぬことでしょう。

しかも得意技はそれだけではありませんでした。太占《ふとまに》と呼ばれる占いを行ったり、アマテラスが二度と岩屋戸へ戻らぬように注連縄を張ったことから、呪術や結界を張る技術にも長けていたんですね。そのため「災難除け」や「厄除け」のご利益も期待できます。

ちなみに神社の注連縄もフトダマが開発したもので、神社のある神域と俗界を隔てる結界の役目があるんですよ。誰もが悪いものには結界を張って防ぎたいと思うもの。そんな時はフトダマに頼ってみてください。きっと守ってくれるでしょう。

ガガのワンポイントアドバイス

フトダマは忌部氏の祖神とされている。そのため、忌部氏は代々朝廷の祭祀のための祭具作製などに奉仕していたのだよ。その手腕は産業発展にも大きく寄与してな。神武天皇の御代に神裔である天富命《あめのとみのみこと》が、同じく一族である阿波忌部氏を率いて阿波国（徳島県）を開拓・発展させたのだ。

気は優しくて力持ち!!

アメノタヂカラオ

天手力男神

祀られている神社

戸隠神社奥社（長野）、湯島天満宮（東京）、手力雄神社（岐阜）など

御神徳

技芸向上、スポーツ上達、必勝祈願、開運招福

「手の力」と神名にも表現されているように、とにかく剛腕で力自慢の神様です。

しかし、その怪力とは裏腹に、冷静沈着な頭脳の持ち主でもありました。

アメノタヂカラオと言えば天岩屋戸神話での活躍が有名ですが、実は怪力で岩屋戸をこじ開けたわけではないのです。古事記をよーく見てみると、

天照大御神、逾《いよ》よ奇《あや》しと思ひて、稍《やや》く戸より出でて、臨《のぞ》み坐《ま》す時に……

と記されている。そう！　アマテラスが自分で岩屋戸を開けたんですね！

どんなに力持ちでも、力ずくではお互いにしこりが残るのは人間関係も一緒。だから彼もアマテラスが自ら出てこられるのをジッと待ったわけです。そして一歩を踏み出した瞬間に、その手を取って連れ出しました。力の使いどころもわきまえている、知性と体力を兼ね備えた神様であることがわかります。

この世界に光を取り戻した神様は、やはり偉大でした。

ガガのワンポイントアドバイス

アメノタヂカラオが投げ飛ばした岩屋戸は、遠く信濃国まで飛んでいったのだよ。それが落下してできたのが「戸が隠された」と書く戸隠山さ。あのデカい山をこんな遠くまで投げ飛ばしたのだから、彼の怪力ぶりがわかるだろう。ここぞという勝負の時に頼りたまえ。

咲かせます、五穀の実りを

オオゲツヒメ

大気都比売神

祀られている神社

上一宮大粟神社（徳島）、一宮神社（徳島）、丹生都比売神社（和歌山）など

御神徳

五穀豊穣、養蚕繁栄、農業繁栄、家内安全

高天原を追放されたスサノオを料理でもてなしたのに「無礼な！」とすぐさま斬り殺される悲劇の女神。日本書紀ではツクヨミに殺されたことになっているのですが、いずれにせよ登場と同時に死亡というのは、ヒノカグツチ並みのスピードです。しかも、その死体からは次から次へと穀物が生まれたのを見て初めて「ヤバい！　彼女は五穀の神であったのか」と、自分の勘違いで殺したことにスサノオが気付くのだから、気の毒さではこちらが上かも。

　しかし、古事記を読み込んでみると実は彼女の登場はもっと前、イザナギとイザナミが国を生んだシーンでした。「えっ、神生みじゃなく？」と思われるでしょうが、四国を生むシーンで次のように記されているのです。

　粟國《あはのくに》は大宜都比売《おおげつひめ》と謂ひ

　粟國とは、転じて阿波の国、現在の徳島県こそがオオゲツヒメそのものだったのです。そのため、徳島県には多くのオオゲツヒメを祀る神社があります。国土として生まれ、穀物や養蚕の起源となって今なお国の繁栄に貢献してくれている恵みの女神です。

ガガのワンポイントアドバイス

国土として生まれた神様は四柱いてな、それが四国なのだ。その中でも神様の名前がそのまま県名として残されているのが「愛媛県」だ。イザナギが生んだ「愛比売《えひめ》」という、麗しい女神の名そのものだがね。ちなみに讃岐國は飯依比古《いひよりひこ》、土佐國は健依別《たけよりわけ》という神様だったのだぞ。

ウカノミタマ

誤解してるかもだけど　稲荷の神って私なんです

宇迦之御魂神

祀られている神社

伏見稲荷大社（京都）、
笠間稲荷神社（茨城）、竹駒神社（宮城）、
全国の稲荷神社など

御神徳

五穀豊穣、商売繁盛、
産業振興、家内安全

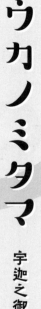

「稲荷の神」と聞けば、「あっ、お狐さんね！」と答える人が多いかもしれませんが、実は狐はあくまでも神様の使い、眷属に過ぎません。稲荷の神様は、ウカノミタマという農耕の神様です。なんと、あの英雄スサノオを父に持ち、兄弟にはお正月に新年を連れてきてくれるオオトシガミがいるという豪華な血統です。

もともと農業の神様として信仰されていましたが、五穀豊穣だけでなく商売繁盛の御神徳も期待されて、全国に赤い鳥居や狐を安置した小さな祠ができたのです。皆さんも目にしたことがあるのでは？

神社本庁が傘下の神社を対象に行った調査では、稲荷信仰の神社は2970社とされていますが、神社の境内社や末社、それに家庭の庭先の祠（屋敷神）も加えると、稲荷社は全国で一番多いとも言われています。その証拠に江戸時代に江戸に多いものの例えとして、「火事喧嘩伊勢屋稲荷に犬の糞」と言われたほどでした。日本人に、長く愛され続ける庶民的な神様です。

ガガのワンポイントアドバイス

この神様の最大の特徴は、「信仰の拡大」だ。農業の神に留まらず、漁村においては漁業の神として、武士たちには武運の神として、家の庭に土地神として稲荷神を祀ることが多くなった。このような屋敷神としての信仰の多さは、人々のニーズに臨機応変に応えた結果と言えるだろう。

お正月の神、実は稲荷の神とは兄弟です

オオトシガミ

大年神

祀られている神社

葛木御歳神社（奈良）、飛騨一宮水無神社（岐阜）、静岡浅間神社（静岡）など

御神徳

五穀豊穣、開運招福、家内安全、厄除開運

お正月に新年を運んできてくれる神様と言えば、彼のこと。皆さんも新年を迎えるために、お正月飾りや鏡餅を飾ったりするでしょう。これはすべて、オオトシガミを迎えるための準備。門松などのお正月飾りを目印にして自宅に来ていただき、床の間に飾った鏡餅に宿って新年を気持ちよく過ごしてもらい、一年の福をもたらしてもらうのです。

ちなみに子どもの頃にワクワクした「お年玉」も彼にまつわる神事のひとつ。お年玉はもともと「御歳魂」といわれ、お正月にオオトシガミを迎えるためにお供えされた、丸い餅のことでした。それを家族で分けて食べ、神様からの御神氣を頂くというものだったんですね。今では、丸い餅が転じてお金になったというわけ。

もともとは穀物の守護神としての役割が強かったのですが、彼もまた「多くの人を幸せにしたい」という思いで、その役割を広げていったとても優しい神様です。

彼は子どもも多く、酒の神様として有名な松尾大社に祀られるオオヤマクイもその一柱。親子で人々の暮らしを守ってくれていますよ。

ガガのワンポイントアドバイス

大晦日の夜に、貧乏な老夫婦の家に一人の旅人が訪ねてきた。老夫婦は自分たちがお正月に食べるはずだったお餅を焼いてもてなした。夜が明けると旅人の姿はなく、そこにはお米とお金が置いてあり、老夫婦は大変なお金持ちになったという話さ。その旅人こそがオオトシガミだったのだ。

守ります。
結界張ってあなたをガード

オオヤマクイ

大山咋神

祀られている神社

日吉大社（滋賀）、松尾大社（京都）、全国の日枝神社、日吉神社、松尾神社など

御神徳

厄除開運、農業繁栄、酒造繁栄、産業振興

神名の「咋」（クイ）とは、境界に打つ「杭」のことで、結界で土地を守る神様の意味を持ちます。仏教を広めた天台宗の最澄も比叡山に延暦寺を開いた時に、オオヤマクイが祀られる日吉大社を守護神としました。「えっ、仏教の？」と思うかもしれませんが、これ本当のお話。その証拠に日吉はかつて「ひえ」と読み、比叡山を指していたし、唐の天台山の守護神「山王元弼真君《さんのうげんひつしんくん》」にあやかって、山王権現とも呼ばれていたのです。ビックリでしょ？

だけど彼のすごさは、それだけではありません。山に杭を打つことから、治水を司る農耕の神様としての信仰もあり、農耕振興にも大きく寄与したとか。しかも、いい穀物が生まれて品質の良い酒ができるとして、京都に鎮座する松尾大社では、酒の神様として全国の酒蔵から絶大な信頼を寄せられているのです。多くの酒蔵で松尾さまを祀っているのは、そんな理由があったんですね。

結界を張って都を守り、農耕の発展にも寄与。そして醸造まで担って全国の愛飲家からも愛される神様です。

ガガのワンポイントアドバイス

丹塗矢の伝説も有名でな。タケタマヨリヒメ（建玉依比売）が川を流れてくる丹塗りの矢を見つけて持ち帰ると、矢の不思議な力で身籠もり、子どもを宿した。その子どもが現在、賀茂別雷神社に祀られるカモワケイカヅチ（賀茂別雷命）、丹塗りの矢に化していた神様がオオヤマクイなのだ。

白馬の王子が迎えに来たわ

クシナダヒメ

櫛名田比売

祀られている神社

須我神社（島根）、八重垣神社（島根県）、
八坂神社（京都）など

御神徳

夫婦円満、良縁成就、
安産子宝、家内安全

「男は妻によって変わる」とばかりに、荒ぶる神を優しく知性のある神様に変えたのがこのクシナダヒメです。彼女は山の神様の子であるアシナヅチとテナヅチとの間に生まれた八柱の姉妹の末っ子。しかし、姉たちが八岐大蛇の生け贄にされて、ついに自分の番になった時に颯爽と現れたのが暴れん坊スサノオでした。彼はそこで一目惚れして、即求婚！

当時、スサノオは高天原を追放された身でしたが、そんなことを知る由もない両親は「そんなすごい神様ならば！」と、すぐ了承。妻となったクシナダヒメを守るため、櫛にしてスサノオの髪に隠し、八岐大蛇を見事に退治しました。

そこからです、スサノオが変わったのは。八岐大蛇から出てきた草薙の剣を遺恨のあったアマテラスに献上。義両親と共に住む二世帯住宅を建て、その喜びを和歌にするなど、優しさと知性あふれる神様へと変貌していきました。

神様も愛する女神から影響を受けて変わるということ。そのため夫婦円満や縁結びの御神徳があり、島根の須我神社の奥宮では、今でも家族で寄り添う夫婦岩を見ることができます。

ガガのワンポイントアドバイス

クシナダヒメは、アマテラスら天つ神も手に負えなかったスサノオを見事に更生させた、まさに良妻。しかし優秀だったのは妻としてだけではないぞ。母親としても立派な血筋を残したのだ。それが6代孫になるオオクニヌシだ。良妻賢母の女神に、夫婦円満の秘訣を伝授してもらうがね。

第5章

地上世界の王者 オオクニヌシに 関係する神様

心優しき神様界のプレイボーイ

オオクニヌシ

大国主

祀られている神社

出雲大社（島根）、北海道神宮（北海道）、神田明神（東京）など

御神徳

良縁成就、夫婦円満、商売繁盛、五穀豊穣など広範囲に及ぶ

この神様はとにかく、人たらしならぬ神たらし！　会えばみんなが好きになっちゃう。そもそも昔は異母兄弟たちに繰り返し殺されたり、義父に嫌がらせを受けたりと、神様界最弱と言ってもいいほど弱かったのです。にもかかわらず、その都度誰かが手を差し伸べてくれる。挙げ句の果てには、敵陣から送り込まれた交渉役まで手の内に。なぜでしょう？　それは、「とにかく優しかった。そしてまずは自分が助けた」という点だと思います。

彼は浜辺で傷つき倒れているウサギを助けました。何の見返りも求めず、優しい心で。この世の中は「自分のしたことが返ってくる」のが原理です。先に相手の希望を叶えることで、未来の自分が救われる。それを実践したオオクニヌシは多くの助けを借りて葦原中国を統一し、王になったのです。そして今なお多くの神々に愛される縁結びの神様として、旧暦の10月には全国の神々が彼を頼って出雲国に集まってきます。だって異性の縁、家族の縁、仕事の縁など、どんな願いにも縁結びは欠かせないから！

願いを叶えたいならオオクニヌシですよ。

ガガのワンポイントアドバイス

神々に好かれた彼は、女神にもモテモテで、なんと百八十一柱もの子どもを儲けたがね。正妻スセリビメとの間に子どもはいなかったから、王として全国に子孫をつくる必要があったのだな。それでも後年は正妻スセリビメの元で仲睦まじく暮らしたのだ。やはり愛し合ったいい夫婦だったのさ。

早く籍を入れておけばよかった……

ヤガミヒメ

八上比売

祀られている神社

売沼神社（鳥取）、稲葉神社（鳥取）、八上姫神社（島根）など

御神徳

安産子宝、美容健康、良縁成就、開運招福

日本最古のラブストーリーのヒロイン、それがヤガミヒメです。

古事記では「八十神、各《おの》《おの》稲《いな》羽《ば》（因幡国）の八《や》上《がみ》比《ひ》売《め》を婚《よば》はむ心ありて」との記述が見られることから、その美しさは噂となって遠く出雲にまで流れていたようです。そして多くの神々が、「どうか私と愛を育んでください」と、求婚に訪れたんですね。

そんな彼女が選んだのがオオクニヌシでした。「私はあなたをお慕い申し上げます」という感じで、切ない恋心を告げたのでしょうか。

しかし、日本最古のラブストーリーは悲劇で幕を閉じることに。スサノオの元から戻ってきたオオクニヌシと無事に結ばれたものの、正妻となっていたスセリビメにひと睨みされ、恐れをなして息子を置いて国へ逃げ帰ってしまったのです。

初恋はハッピーエンドとはいかぬもの。しかし鳥取には、オオクニヌシが贈り物を詰めた袋を捨てた袋河原や、恋文を綴った倭文など二柱の恋の思い出の場所が今なお残されており、恋の残り香を感じずにはいられません。

ガガのワンポイントアドバイス

「火の山の　ふもとの湯こそ　恋しけれ　身をこがしても　妻とならめや」

これは正妻がいることを知って国へ帰る途中、浸かった温泉で詠んだ歌だ。オオクニヌシへの恋慕を断ち切り、心身ともに温泉で回復し、さらに美しくなったことだろう。今でも女性たちの美しさを支えている女神だぞ。

さりげなくモンスターママ

サシクニワカヒメ

刺国若比売

祀られている神社

赤猪岩神社（鳥取）、
宮木諏訪神社（長野）など

御神徳

安産子宝、子育健康、
厄除開運、家内安全

偉大なるオオクニヌシを生んだ母親であり、息子の危機に何度も手を貸したビッグマザー。2度も異母兄弟たちに殺されたのに生き返れたのも、すべて彼女の尽力のおかげでした。上にまで掛け合っちゃって、息子のためならなんのその。

それでも危ないと判断すると躊躇なく「逃げな！」と、息子を送り出した状況判断は見事なもの。問題に立ち向かうだけでなく、時には逃げることも大事だと学ばせてくれる親と言えるでしょう。大事な者のためには、どんなこともする。頼れる人には堂々と頼る。現代の人間が見栄やいらぬプライドに邪魔されて、なかなかできないことをサラッとやってみせる、ある意味とても潔い女神です。

ですが注目すべきは、彼女の名前は古事記には「オオクニヌシの出自を説明する「刺国若比売《さしくにわかひめ》を娶して生める子は、大国主神」という記述で、たった一回出てくるに過ぎないということ。先述の物語の時はすべて「御祖《みおや》」という言葉で表現されています。神様である前に親である姿勢を示している、愛情あふれる母神なのです。

ガガのワンポイントアドバイス

赤猪岩神社が鎮座する場所が、真っ赤な猪のような燃える岩で息子が潰され、殺された場所なのだよ。その岩を封印し、薬を塗るために水を汲んだ清水井という泉がある、まさに「破壊と再生」を象徴する神社と言えるだろう。挫けかけた時にはサシクニワカヒメに「再生」を祈るがね。

ナースのお仕事いたします

キサカイヒメ ウムカイヒメ

𧏛貝比売

蛤貝比売

祀られている神社

伊能知比賣神社（出雲大社摂社・島根）、
岐佐神社（静岡）、加賀神社（鳥取）など

御神徳

病気平癒、延命長寿、
厄除開運、漁業守護

サシクニワカヒメが我が子を救うためにカミムスヒに懇願し、派遣されたのがこの二柱の貝の女神です。キサカイヒメは赤貝を、ウムカイヒメはハマグリを神格化したものと言われており、出雲国風土記ではカミムスヒの娘とされています。そんな二柱は、貝殻を削って水と練り合わせて、オオクニヌシの焼けた体に塗って蘇生を成功させました。実はこれ、今なお残る民間療法であり、神々の時代から神を救うために使われてきた医療。病気平癒や延命長寿に御神徳があるのは納得ですね。

古事記では登場するのはこの場面のみですが、やはりオオクニヌシが支配した出雲国との繋がりも深いのでしょう。出雲国風土記によれば、キサカイヒメは出雲四大神（杵築大神《きづきのおおかみ》・佐《さ》太大神《だのおおかみ》、熊野大神《くまのおおかみ》、能城大神《のぎのおおかみ》）の一柱、佐太大神の母親とされ、ウムカイヒメはホトトギスとなって飛び回り、法吉《ほうき》の郷（現在の島根県松江市）に鎮まったとされています。

失敗を繰り返すオオクニヌシを助け、偉大な神様への道を拓いた貝の女神は、引きずっている心の傷も癒やしてくれます。

ガガのワンポイントアドバイス

出雲大社の境内には、御祀神であるオオクニヌシを献身的な看護で蘇らせてくれた女神に感謝を込めて、二柱を祀る神魂伊能知比賣神社（別名、天《あま》前社《さきのやしろ》）が建てられているぞ。また、貝の女神ということで、静岡の岐佐《きさ》神社では水産・漁業の守り神としても信仰を集めているガね。

ストップ・ザ・プレイボーイ

スセリビメ

須勢理毘売命

祀られている神社

大神大后神社（出雲大社摂社・島根）、那売佐神社（島根）、備中国総社宮（岡山）など

御神徳

夫婦円満、良縁成就、厄除開運、開運招福

スサノオの娘であり、オオクニヌシの妻として国造りを支えた女神です。しかし古事記を呼んだ人の第一印象は、「勝ち気な女性」ではないでしょうか？

確かに彼女は、先に婚約していたヤガミヒメがやってくると、睨みを利かせて追い返しました。しかし侮ってはいけません。この女神、計り知れない聡明さを持ち合わせていました。

父スサノオから課せられた試練という名の嫌がらせから、夫であるオオクニヌシを戦略的頭脳で救い出した。そして葦原中国の王として、各地に妻と子どもを持つことも許しています。何より、自分には子どもがいなかったから……。

それでも彼女は最後に本心を打ち明けます。自分にはあなたしかいないこと。本当に一緒にいてほしいことを歌にして詠んだのです。その素直な気持ちに心打たれたオオクニヌシは、旅立つのをやめて仲睦まじく暮らしたのです。

愛する夫のためにすべきことを明確にし、目先の小事にはとらわれずに最後は自分たちだけの空間を手に入れた。そんな賢い女神から、恋のご利益を頂きましょう。

ガガのワンポイントアドバイス

出雲国風土記ではオオクニヌシがせっせとスセリビメの元へ通ったことも書かれているぞ。やはりオオクニヌシも彼女にぞっこんだったのだ。二柱の間には多くの困難もあったが、それでも最後には愛する人（神）を独り占めした女神の執念は侮れん。恋愛の願いを叶えてくれるぞ。

母でもあり、でもやっぱり女でもあり

ヌナカワヒメ

沼河比売

祀られている神社

子安社（諏訪大社末社・長野）、
居多神社（新潟）、気多神社（富山）など

御神徳

安産子宝、子孫繁栄、
家内安全、郷土繁栄

越国（現在の福井、富山、新潟）のお姫様。その美しさの噂を聞いたオオクニヌシがはるばる出雲国からやってきて、「賢く美しい姫がいると聞き、妻にしたいと遠い越国まで来てしまった……」と、ヌナカワヒメを誘う歌を送っています。

　ヌナカワヒメもそれに応えて「わたくしの心は今はまだ渚の鳥がざわめいていますが、いつかきっとあなたさまの鳥になるでしょう」と、歌で返し、翌日に結婚しています（は、早い）。知性のある美しき女神は、愛情あふれる歌の交換でオオクニヌシとの愛を育んだのでしょう。しかし、古事記での登場はここで終わり。この直後、オオクニヌシは正妻スセリビメからの素直な気持ちを歌にされて彼女の元へ戻ってしまいます。なんとも気の毒ですが……。

　しかし彼女は女であり、偉大な母でもありました。国譲りの際、最後まで使者に抵抗した怪力の神様タケミナカタは、オオクニヌシとヌナカワヒメの間に生まれた子どもだったのです。そのため、今なおタケミナカタが祀られる諏訪大社下社（子安社）に一緒に祀られています。

ガガのワンポイントアドバイス

彼女には、ヒスイを象徴する側面もあるのだよ。万葉集に詠まれた「渟名河の 底なる玉 求めて 得まし玉かも 拾ひて 得まし玉かも 惜しき君が 老ゆらく惜しも」で渟名河はヌナカワヒメ、底なる玉がヒスイを指しているといわれている。モテたい時はヒスイのようなこの女神を頼るがね。

スクナビコナ

少名毘古那神

ふと現れてお手伝い。お風呂にお酒が大好きさ！

祀られている神社

神田明神（東京）、少彦名神社（大阪）、
酒列磯前神社（茨城）、
全国のオオクニヌシを祀る神社など

御神徳

国家安寧、病気平癒、
酒造繁栄、温泉守護、
など多岐にわたる

古事記ではカミムスヒの息子、日本書紀ではタカミムスヒの息子とされていますが、国つ神であるオオクニヌシと意気投合して活躍した姿から、その庇護者であったカミムスヒとの関連が深い気がします。そんなスクナビコナですが、実は様々な顔を持っているのです。

「伊予国風土記」逸文《いつぶん》には、病に伏したスクナビコナのためにオオクニヌシが速見湯《はやみのゆ》を樋に通して導き、療養させたと書かれているんですね。これが道後温泉の起源であり、その後二柱は「温泉療養とはいいものだ！　広めよう」と、普及させたとか。これより全国の温泉地では、「温泉の神」「医療の神」として二柱が祀られているんですよ。

また第15代応神天皇が、皇太子時代に母親である神功皇后が酒を献上した際には「この酒は私が造ったものではありません。常世の国にいる酒の神、スクナビコナが祝いの言葉を述べながら造ってくれた酒です」と歌っています。そのため「酒の神」という顔も持っているのがおもしろい。

ガガのワンポイントアドバイス

スクナビコナは海の向こうにある常世国からやってきた。このように日本では、異世界からやってくる客人を「まれびと神」と呼び敬ったのだ。ガガイモの葉に乗ってやってきて、一寸法師のモデルにもなった小さな神様から、大きなご利益をもらうといいだろう。

THE・野生。俺に惚れるなよ

オオモノヌシ

大物主神

祀られている神社

大神神社（奈良）、金刀比羅宮（香川）、全国の金毘羅神社、琴平神社など

御神徳

病気平癒、酒造繁栄、厄除開運、心願成就

スクナビコナを失い、途方に暮れているオオクニヌシに手を貸したのがオオモノヌシでした。ですがこのシーン、実は古事記では「御諸山《みもろやま》の上に坐《ま》す神」としか書かれておらず、そのためにオオクニヌシの荒魂《あらみたま》とか別名とも言われる謎多き神様です。しかも実際にその名前が最初に登場するのは、なんと見初めた姫のトイレに忍び込むシーンというからビックリでしょう。

セヤダタラヒメ（勢夜陀多良比売）に一目惚れしたオオモノヌシは、その姿を丹塗りの矢に変えて厠へ侵入、そして陰部へ突撃します。はい、本当にそう書かれているんですよ。

そして生まれたのがヒメタタライスケヨリヒメ（比売多多良伊須気余理比売）であり、なんと初代神武天皇の皇后となるのです。つまり、オオモノヌシは神武天皇の義理の父親になるんですね。

その後も、冒頭のエピソードで紹介した崇神天皇が天変地異や疫病の流行に悩んでいる時に救いの手を差し伸べてくれるなど、人間界に関わり続けてきた強烈な神様です。

ガガのワンポイントアドバイス

第10代崇神天皇が御神託を受けて、三輪山にオオモノヌシを祀ったわけだが、その時に杜氏の高橋活日命《たかはしいくひのみこと》に酒造りを命じ、その御神酒を奉納した。その時に「此の神酒は　我が神酒ならず　倭なす　大物主の　醸みし神酒　幾久幾久」と歌われたことで、酒造りの神様としても敬われているのだ。

元祖のらりくらり

アメノオシホミミ

正勝吾勝勝速日天忍穂耳命／天忍穂耳命

祀られている神社

英彦山神社（福岡）、伊豆山神社（静岡）、天忍穂別神社（高知）など

御神徳

子孫繁栄、安産子宝、家内安全、病気平癒

スサノオが自らの潔白を証明すべく行った誓約で、アマテラスの勾玉から生まれた五柱のうち一番最初に生まれた神様です。正式名称の「正勝《まさかつ》吾《あ》勝勝速《かつかちはや》日《ひ》天《あめ》之《の》忍《おし》穂《ほ》耳命《みみのみこと》」の「正勝吾勝勝速日」は、「正しく勝った！　日の昇るような勢いで勝ったぞ！」と、スサノオが勝利を喜んでいる様子が表現されています。つまり、彼の潔白を証明した神様ということ。

そんな経緯はあれど、最高神が最初に生んだ長男であることには変わりなし。地上で自分の役目を継ぐ者として白羽の矢が立つのも頷けます。ところがその役目を命じられると「ちゃんと準備が整ってからじゃないと……」と、ウダウダ言い始め、天つ神が苦労してオオクニヌシから了承を取り付けて準備を整えると「まーそのー私も年を取りまして、ここは若い我が子を遣わす方がよろしいかと……」と、のらりくらりと逃げた挙げ句、自分の息子に押し付けちゃう始末。いますねえ、人間でもこういう人。

とはいえ、おかげで天孫ニニギが降ることになり、現代にまで続く日本が無事に誕生しました。

ガガのワンポイントアドバイス

実は彼にはニニギの他にもう一柱、ニギハヤヒ（邇芸速日命）という息子がいてな。日本書紀によればアマテラスの命を受けて先に天降っていたという。神武天皇の東征の場面で登場するのだが、ニギハヤヒの部下ナガスネビコが天皇に逆らったため、自ら誅殺して天皇へ忠誠を誓ったという。

漢・イナズマハリケーン

タケミカヅチ

建御雷之男神

祀られている神社

鹿島神宮（茨城）、香取神宮（千葉）
※フツヌシ、春日大社（奈良）、
全国の鹿島神社など

御神徳

国家鎮護、武道守護、
勝負運、開運招福

ヒノカグツチがイザナギに斬り殺された時に、剣先から滴り落ちた血から生まれた勇猛果敢な武神。オオクニヌシに国を譲らせる使者として活躍したことで有名です。

鹿島神宮（茨城）の祀神として、香取神宮（千葉）の祀神フツヌシ（経津主神）とセットで語られることも多いですが、それもそのはず。古事記ではタケミカヅチしか登場しないのに、日本書紀では先にフツヌシを指名され、それにタケミカヅチが「私ではダメということか？」と異を唱えて二柱で派遣されたとしています。そのため、フツヌシはタケミカヅチの剣の神格化と見られることが多いです。

出雲の浜に降り立った時に剣の上で胡坐をかくシーンは、二柱がタッグを組んでいると考えると、ヒュー！　カッコいいと思ってしまいます。

そんな勇猛果敢な武神は、初代神武天皇がピンチに陥った時にも再登場。タカクラジを介して剣であるフツヌシを届け、ピンチを救ったとされています。「自分が行かなくてもフツヌシだけで十分であろう」という、フツヌシへの絶大な信頼がうかがえます。漢だなあ。

ガガのワンポイントアドバイス

タケミカヅチといえば、地震を起こす大ナマズを抑えていることでも有名だな。鹿島神宮には地震を抑えているとされる要石があるがね。神無月には神様が不在になるので、その間は留守神としてえびす様が要石の番をしてくれているらしいぞ。強くなりたい者は参拝してみたまえ。

上には上がいたもんだ

タケミナカタ

建御名方神

祀られている神社

諏訪大社(長野)、
全国の諏訪神社など

御神徳

勝負運、身体堅固、五穀豊穣、
農業守護、開運招福

オオクニヌシと越国のヌナカワヒメとの間に生まれた息子。タケミカヅチが国を譲れと迫ってきた際には、その怪力を見せつけるかのように、千人でも持ち上げられないような大岩をもてあそびながら登場。最後まで抵抗した戦う戦士でした。

しかし上には上がいたもので。タケミカヅチに力比べで敗れて投げ飛ばされると、恐れをなして逃げてしまいました。諏訪の地で追い付かれると「わかった。私はもうここを動かないし、父の命にも従って国も譲る。だから勘弁してくれ」と降参したのです。そうしてタケミナカタは諏訪の守護神となりました。

諏訪に移り住んでからは、害獣を退治したり農耕や養蚕の技術を広めるなど、産業の発展に大きく貢献。「お諏訪さま」と親しまれ、とても篤い信仰を集める愛すべき神様です。

また伝承では、神功皇后の三韓征伐や坂上田《さかのうえのた》村麻呂《むらまろ》の蝦夷征伐にも協力したことで「関より東の軍神、鹿島、香取、諏訪の宮」と称されるほど武神としても有名に。今なお武運の神、勝負の神として多くの人々から信頼されています。

ガガのワンポイントアドバイス

全国の諏訪神社の総本社である諏訪大社は、諏訪湖の南に上社の前宮と本宮、北には下社の春宮と秋宮の4社からなる神社だ。6年に一度の「御柱祭」や、上社のタケミナカタが下社の妻ヤサカトメ（八坂刀売命）に会うために湖を渡り、氷が道のようにせり上がる「御神渡り」が有名だぞ。

言葉と腹は同じじゃないのさ、呪術もしちゃうよ

コトシロヌシ

事代主神

祀られている神社

美保神社（島根）、長田神社（兵庫）、三嶋大社（静岡）など

御神徳

航海安全、漁業守護、商売繁盛、開運招福

オオクニヌシの息子で国譲りの際には、最初に父から意見を聞かれた神様です。とはいえ、武神タケミカヅチを前に反抗できるはずもなく、「も、もちろんアマテラスの御子に差し上げます」と、あっさり了承してしまいました。とはいえよっぽど腹に据えかねたのか、「天の逆手」という特殊な柏手を打って姿を消しました。普段と逆の作法というのは一種の呪いなので、内心ははらわたが煮えくり返っていたのでしょう。

そんな呪術的な行為ができるので、実は彼は「事」を知る神として、神託を伝える役割を担っていました。その腕が発揮されたのは、神功皇后の三韓征伐の時のこと。舟が思うように進まなくなったためコトシロヌシに御意向を仰ぐと「私を長田国に祀るがよい」との神託が下り、無事に帰還を果たせたと言います。これが兵庫県の長田神社の起源です。

また、七福神のえびす様になったことでも有名で、釣り好きであることから釣り竿に鯛を持った姿でお正月などにおなじみの神様でもあります。行き詰まった時に頼りにするといいですよ。

ガガのワンポイントアドバイス

美保神社に伝わる伝承では、昔、コトシロヌシは美保の対岸に住む妻のところに夜な夜な通っていた。ある夜、時間を間違えたニワトリが夜中に鳴いてしまい、夜が明けたと思い慌てて舟で帰ろうとした時にサメに手を噛まれてしまったのだ。それからは大のニワトリ嫌いになったというぞ。

恋に溺れて上を裏切る

アメノワカヒコ

天若日子

祀られている神社

我孫子神社（滋賀）、大矢田神社（岐阜）、波波伎神社（鳥取）など

御神徳

産業振興、農業守護、厄除開運、開運招福

野望を抱いてアマテラスへ反逆した挙げ句に殺されてしまう哀れな神様、それがアメノワカヒコです。彼はもともと国を譲らせるためにアマテラスがオオクニヌシのもとへ派遣した二人目の交渉役でした。しかし彼も一人目と同様にあっという間に懐柔され、しかもオオクニヌシの娘を妻にもらったことで「いっそ、この俺が王になればいいんじゃね？」と野心を抱いてしまい、8年もの間報告すらしませんでした。

しかも、音沙汰がないことにいら立ったアマテラスが遣わしたキジまで、アメノサグメにたぶらかされて殺してしまい、主君への裏切りは決定的なものに！　結果としてキジを殺した時に使った矢を天から投げ返されて見事に命中、命を落とすことに（哀れワカヒコ）。

とはいえ妻シタテルヒメに夢中になり使命を放棄、反逆した結果命を落とすというセンセーショナルな生き方は人々の関心を引き、数々の物語となりました。そのひとつ「御伽草子」に掲載される日本版七夕物語「天稚彦草子」では、彦星のモデルとして描かれています。

ガガのワンポイントアドバイス

彼の葬儀には親族もやってきた。しかし弔問に訪れた妻シタテルヒメの兄アヂスキタカヒコネ（阿遅鉏高日子根神）があまりにもアメノワカヒコにそっくりで「生き返った！」と大騒ぎになった。「死者と間違えられた」義兄は怒って喪屋を破壊するし、死してなおすったもんだの神様だったがね。

だってしょうがないじゃない。たぶらかすのが好きなのよ

アメノサグメ

天佐具売

祀られている神社

平間神社（和歌山）など

御神徳

良縁成就、真相究明、
家内安全、厄除開運

いつの時代にも人々を、いや神々をたぶらかす不届き者はいるようです。日本の神様でその役割を果たしているのが、アメノサグメでしょう。アマテラスから様子を見てくるよう言われたキジを見つけると、すぐさまアメノワカヒコに「あれは実に不吉な鳥でございます。すぐに射殺すのがよろしいかと」と進言してしまうのです。

そんな「あまのじゃく」の語源にもなった悪女。そのためでしょうか、古事記や日本書紀では神様に対しては「命」「神」「尊」など尊称を付けているのですが、彼女だけは「天佐具売」「天探女」などと呼び捨てにされています。もともとは神様から御神託を受ける巫女とも言われていますが、神様からの意思を捻じ曲げて伝えようとする反逆者を象徴する存在として、そのような行動はろくな結果を生まないと教えてくれる女神とも言えるでしょう。

最近流行りのSNSなどでも、嘘や捏造を広めることで痛い目に遭う人たちは絶えませんが、これもまた現代のアメノサグメかもしれませんね、ふふふ。

ガガのワンポイントアドバイス

日本書紀には「天探女」と表現されているように天命を探る女、つまり真相を探る役割を担ってもいたのだよ。アメノワカヒコの野望を明らかにしたように、ヒールを演じながらも、真相をつまびらかにする。嘘が蔓延する世の中では怖い存在だがね。真実を知りたい時に頼ってはどうかね？

僕はただ正直なだけ

アメノホヒ

天之菩卑能命

祀られている神社

能義神社(島根)、天穂日命神社(鳥取)、亀戸天神社(東京)など

御神徳

良縁成就、国土開発、産業振興、開運招福

国譲りの交渉役として、最初に高天原から派遣されたのが彼、アメノホヒです。実は彼、アマテラスとスサノオの誓約で生み出された神様で、後に天孫降臨するニニギとは叔父と甥の関係。実際に古事記の「天之菩卑能《あめのほひの》命《みこと》」という名前は「菩」はすべてに秀でる意味、「卑」は日や火を表し、優秀な日、生活に欠かせない優れた火を表す言葉です。日本書紀の「天穂日命」の「穂日」は高天原の稲穂を意味しており、どちらも優秀で誇り高い国つ神であることを示しているんですね。

そんな天孫の叔父さんが交渉役として降ったものの、出雲国のオオクニヌシに惚れ込んでしまい戻ってきませんでした。その熱の入れようは相当なもので、葦原中国がアマテラスに譲られた後も高天原には戻ることなくオオクニヌシに仕え、その子孫も今なお出雲国造として役割を果たしています。

アマテラスの御子が、国つ神を支えている。そんな興味深い構図も、アメノホヒが血統や身分にとらわれず、自分に正直に生きた結果と思います。

ガガのワンポイントアドバイス

彼の子孫である野見宿禰は、相撲の神様としても知られているがね。大変な力持ちであった噂が第11代垂仁天皇の耳に届き、当時最も強かった当麻《たいまの》蹶速《けはや》という力士との天覧相撲を命じられたのだ。そこで見事勝利して相撲の神として今もなお、力士たちの崇敬を集めているがね。

第6章

天《てん》孫《そん》降《こう》臨《りん》後に登場した神様

血統いいけど、ちょっとアレ

ニニギ

邇邇芸命

祀られている神社

霧島神宮（鹿児島）、高千穂神社（宮崎）、
箱根神社（神奈川）など

御神徳

国家安寧、五穀豊穣、
家内安全、開運招福

最高神アマテラスの孫（いわゆる天孫）として、僕たちの住む世界に三種の神器を携えて降臨した神様です。正式名称は、天《あめ》邇《に》岐《ぎ》志《し》国《くに》邇《に》岐《ぎ》志《し》天《あま》津《つ》日《ひ》高《こ》日《ひ》子《こ》番《ほ》能《の》邇《に》邇《に》芸命《ぎのみこと》。要約すると、「天が賑わい（天邇岐志）、国が賑わい（国邇岐志）、穂がニギニギ（賑々）しく稔のる国（番能邇邇芸）へ降りた天つ神の男神（天津日高日子）」という意味なのです。

これだけ聞けば「なんと尊い神様か！」と思うのに、物語を読むとけっこう残念な気持ちになっちゃうのも事実。なんせオオヤマツミの娘をお嫁さんにもらう時に、「ぜひ姉も一緒に」と勧められると「ブスは嫌い！」と追い返し、妻が身籠もると「ホントに俺の子かい？」と浮気を疑う始末。いや〜、さすがに擁護のしようがありません。

だけどいい点もあります。彼が降ってきて初めて見る土地で「ここは素晴らしい土地だ！」と言ったように、心のまま感じたことを素直に表現できる神様でした。今の時代、そのくらい感じたことを言ってもいいかもしれません。窮屈なのは嫌だもの、ね。

ガガのワンポイントアドバイス

天孫降臨の地と伝わる高千穂峰の頂上には、ニニギが降臨の時に使った矛を逆さまに突き立てたとされる天逆鉾《あめのさかほこ》が刺さっているのだ。霧島東神社の飛び地境内として社宝となっているがね。他には、宮崎の高千穂神社にもニニギの天孫降臨にまつわる伝承が残っているぞ。

ある意味、女の鑑です

コノハナノサクヤヒメ

木花之佐久夜毘売

祀られている神社

富士山本宮浅間大社（静岡）、
箱根神社（神奈川）、全国の浅間神社など

御神徳

安産子宝、火除開運、航海安全、
酒造繁栄、五穀豊穰

山の神オオヤマツミの娘として生まれ、天孫ニニギに嫁いだことで天つ神の血に山の霊力が加わったことになります。そうして生まれたホオリは後に海の神の娘と結婚することになるので、天皇になるために必要な山と海の霊力を手に入れたと見ることもできます。

さて、そんな山の女神が語られる上で有名なのは、夫に浮気を疑われて燃え盛る産屋の中で無事に産んでみせる逸話です。この壮絶な出産経験を経て「火除け」と「安産」の御神徳を手に入れました。また日本書紀の「一書に曰く」では父オオワタツミと共においしいお酒を造って息子の誕生を祝ったことから、「酒造り」の御神徳も。

それだけじゃありません。彼女は富士山本宮浅間大社の女神としても有名ですが、その富士山は古来より船乗りの目印ともされたことから「航海の守護神」という一面もあるから驚きです。山の女神でありながら、海上の安全にまで寄与するのも「これは自分の仕事じゃない」という縦割り行政を嫌い、できることには対応しようという日本の神様のおおらかさが素敵です。

ガガのワンポイントアドバイス

7月7日に神様に衣を捧げる「棚機津女《たなばたつめ》」の伝承があった。それが日本の七夕の起源になるわけだが、日本書紀にはニニギと出会うシーンでコノハナノサクヤヒメを「機織る少女」と記しているぞ。織姫のモデルが実は……と考えるとロマンがあるな。

借りたものは返しましょう

ホオリ 山幸彦
ホデリ 海幸彦

祀られている神社

鹿児島神功（鹿児島）、若狭彦神社（福井）、
野間神社（鹿児島）など

御神徳

航海安全、産業振興、
良縁成就、商売繁盛

天孫が降り、皇室へと繋がるまでの三代を「日向《ひむか》三代」と呼んでいます。ニニギ、ホオリ、ウガヤフキアエズの三柱で、その二代目がホオリです。ニニギとコノハナノサクヤヒメの間に生まれたのは長男ホデリ、次男ホスセリ、三男ホオリの三兄弟。長男は海で漁をしていたので海幸彦と、三男は山で猟をしていたので山幸彦と呼ばれていました。もめ事はその二柱の間で起きました。

山幸彦が道具を貸してほしいと要求した挙げ句、借りた釣り針をなくしてしまいます。怒った海幸彦は許さず厳しく責め立てます（ま、当然）。困った山幸彦は海の神様の力を借りて海幸彦を逆に成敗してしまうのですが、これはいくら正当な抗議だとしても、やりすぎはよくないというお話でしょう。海幸彦は結局、一族で弟の宮殿を守護することを約束して今なお「大嘗祭」で隼人舞を舞っています。そして山幸彦は海の神様の娘と結婚して息子が生まれ、天孫の血に海の霊力を加えることになりました。

こうして彼らは神話から現代へ続く、天皇家への架け橋となったのです。

ガガのワンポイントアドバイス

兄の釣り針をなくして困っている時に、海の宮殿へと導かれてトヨタマビメと出会い結婚したわけだ。実はこのエピソードは浦島太郎のモデルになったのだよ。数ある童話やおとぎ話は、意外と神話をもとに作られていたりするのだぞ。何かヒントが欲しい時は、この神様を頼るといいがね。

だから見ないでって言ったのに……

トヨタマビメ

豊玉毘売

祀られている神社

鹿児島神功（鹿児島）、豊玉姫神社（鹿児島）、海神神社（長崎）など

御神徳

安産子宝、航海安全、漁業繁栄、子孫繁栄

海の神様オオワタツミの娘として生まれ、天孫ニニギの息子である山幸彦と結婚したのがトヨタマビメです。宮殿にやってきた山幸彦を好きになり結婚、その後3年間一緒に暮らしましたが、ある時、夫が悩んでいることを察して父であるオオワタツミに相談。なくしたという釣り針を無事に発見して、夫の悩みの解決に一役買いました。

その後、陸へ戻った夫を追いかけていき、「子ができたの！」と嬉しい報告をします。ところが産屋が出来上がる前に産気づいてしまったために「本来の姿で産むので、決して見ないで」と告げて産屋の中へ。さあ、出ちゃった。「見るな」と言われると見たくなるのは人も神様も一緒、しかも彼は黄泉の国で妻の姿を覗き見したイザナギの血も引いていますから覗かないわけがありません（断言）。

その結果……大きな和邇の姿になって子どもを産む妻の姿に、仰天してしまいます。日本書紀ではその姿は龍だったとも記されており、日本の神様が龍神と深い繋がりがあることを示す興味深いエピソードです。

ガガのワンポイントアドバイス

イザナギに続いて山幸彦も犯した「見るな」のタブー。昔話でも鶴の恩返しなど様々なシーンで出てくる話だな。共通するのは、「見るな」「するな」というタブーを破ることによって、それまでの秩序が壊れてしまうという事実だ。神様の失敗を教訓に、諸君もタブーは犯さぬ方がよいぞ。

気が早いみたいで、早めに生まれちゃいました

ウガヤフキアエズ、タマヨリビメ

鵜葺草葺不合尊

玉依毘売

祀られている神社

鵜戸神宮（宮崎）、高千穂神社（宮崎）、霧島神宮（鹿児島）など

御神徳

五穀豊穣、安産子宝、良縁成就、夫婦円満

トヨタマビメに赤ちゃんができ、鵜の羽根で産屋を作ろうとしたのですが、それが間に合わずに生まれてしまったのがウガヤフキアエズです。日向三代の最後を飾り、天つ神の血筋を初代神武天皇に継いだ父神にあたります。ちなみに神名の「鵜葺草葺不合尊」は、鵜の羽根の葺草を葺き終わらないうちに生まれた子という意味、そのまんまですね。

その妻となったのが、母トヨタマビメの妹であるタマヨリビメでした。実は母は、父・山幸彦に出産中の姿を覗き見されたことを恥じ、海の宮殿へ帰ってしまっていたのです。シングルファザー家庭になるのを心配した母が、妹を派遣して養母としたのです。成長したウガヤフキアエズは、育ててくれた養母と結婚。稲穂を伝えた天孫の血を引き、父は山の神オオヤマツミの血を引いている。そして母は海の神オオワタツミの娘であることから、山、海、田んぼという日本の原風景を象徴する血筋が完成したとも言えるでしょう。

そしてついに、初代神武天皇となるカムヤマトイワレビコが誕生したのです。

ガガのワンポイントアドバイス

彼は古事記や日本書紀では特に大きな活躍は記されていない。その理由は、彼はその存在自体に大きな意味があることを示していて、天孫の血に山や海の霊力を結び付けることが目的だったのだよ。彼の存在なくして天皇家が誕生することはなかった。縁結びや安産の御神徳も納得と言えよう。

サルタヒコ

猿田毘古神

ダークな道は私が先導、でもちょっとウブ

祀られている神社

猿田彦神社（三重）、椿大神社（三重）、
全国の猿田彦神碑、賽の神、道祖神など

御神徳

開運招福、厄除開運、
方位除け、行路安全

天孫降臨の時に、突如現れた国つ神。その異形なる姿に、神々は恐れおののいたといいます。その容姿は日本書紀に「鼻は七咫（約120センチ）、背丈は七尺（約2メートル）、口と尻は明るく光り、目は八咫鏡のように照り輝いていた」とされていますが、まーこれは誰だって驚きますよ。とはいえ、アメノウズメが胸元を露わにして衣装の紐を陰部まで垂らして魅惑の微笑を浮かべながら迫ると、サルタヒコは「お、おぬし……なな、何のつもりだ」と、動揺を隠しきれなかった様子から、ウブな一面が垣間見られます。

結果的に彼は天孫を案内するためにやってきたことがわかり、その案内で無事に降臨を果たすことができました。そのため今でも「道拓きの神」として崇敬されています。

その時の出会いがきっかけで、その後アメノウズメと結婚（まさかのロマンス！）。良き夫婦になりますが、海で漁をしている時に貝に手を挟まれて溺れ死んでしまいます。それでも彼の子孫たちは猿女君と呼ばれる技芸の家柄となり、朝廷の祭祀に関わったということです。

ガガのワンポイントアドバイス

サルタヒコは天孫を安全に地上へ導いたように、人々の通行の安全を守ってくれるがね。諸君も道路の傍らに立つ「猿田彦神」と刻まれた碑を見かけたことがあるだろう。邪気を遮ってくれる賽の神や道祖神としても、大きな役割を果たしているぞ。

娘かわいさに頑張るパパ

オオワタツミ

大綿津見神

祀られている神社

志賀海神社（福岡）、鹿児島神社（鹿児島）、全国の綿津見神社、海神社など

御神徳

航海安全、漁業繁栄、農業繁栄、商売繁盛

イザナギとイザナミによって生み出された海の神三神の一柱。他の二柱、ハヤアキツヒコ、ハヤアキツヒメ（速秋津比古神、速秋津比売神）が水戸の神、つまり港を守る神とされたのに対して、彼は大海原全体を司る神様として登場しました。

古事記では「海幸彦・山幸彦」の話に登場し、その力を存分に発揮しています。大海原の大小すべての魚を招集して、娘の夫・山幸彦がなくした釣り針を見つけたり、田んぼの水を自在に操って意地悪をした海幸彦もこらしめました（ちょっと婿贔屓な気もするけど）。この逸話から、オオワタツミは海だけでなく陸上の水さえも自在に操れることがわかります。

昔から政治の「治」は治水の意味があると言われるほどで重要で、水を操ることができれば天下を治めることが可能と言われていました。そのため、中国では「水神」と称される龍が王朝のシンボルになったほど。

そう考えると、オオワタツミの宮殿が龍宮と称されたり、娘が出産時に龍の姿になったりしたのも納得です。

ガガのワンポイントアドバイス

イザナギが禊ぎをしたシーンでも、住吉三神と一緒にソコツワタツミ（底津綿津見神）、ナカツワタツミ（中津綿津見神）、ウワツワタツミ（上津綿津見神）という綿津見三神が生まれたと記されている。別神、同一神と様々な説はあるが、ここでは同じ「海の神」として紹介させてもらっているがね。

オオヤマツミ

花も命も、どちらも愛していますから

大山津見神

祀られている神社

大山祇神社（愛媛）、三嶋大社（静岡）、全国の大山祇神社、三島神社、山神社など

御神徳

林業繁栄、農業繁栄、酒造繁栄、産業振興

イザナギとイザナミが生んだ山の神様ですが、彼自身が活躍するシーンはあまりなく、その子孫となる神々の逸話が目立つのが特徴です。

孫娘であるクシナダヒメは、生け贄にされそうになりながらもスサノオに見初められて結婚。八岐大蛇を退治してもらい両親と共に仲良く暮らしたことで有名です。その子孫がオオクニヌシなので、その時点で山の霊力を持っていて葦原中国の王になるのに相応しかったわけですね。

それに加えて、スサノオには孫娘だけでなく娘カムオオイチヒメ（神大市比売）も嫁いでいて、その息子がお正月を運んでくるオオトシガミや稲荷の神様ウカノミタマなのです。

娘コノハナノサクヤヒメが天孫ニニギに嫁いだのも有名な話です。その時に姉イワナガヒメも一緒にお嫁に出したのですが、「ブスは嫌だ」と追い返されたことに怒り、「あなたの御子たちの命は儚いものとなるでしょう」と、たとえ天孫であっても命に限りを付けてしまうほど、感情的なところもありました。多くの神様に山の霊力を授けた重要な神様です。

ガガのワンポイントアドバイス

日本の森林面積は国土の約7割を占める。世界の森林面積の割合が3割だから、いかに日本が森林、特に山に囲まれているかがわかるだろう。この国を治めるのに、まず山の神様の力が必要なのは当然だな。そのため、全国に大山祇神社や三島神社、山神社などオオヤマツミを祀る神社があるのだよ。

調味料の基本です。塩加減大事……

シオツチ

塩椎神

祀られている神社

鹽竈神社（宮城）、志宝屋神社（伊勢神宮外宮末社）、青島神社（宮崎）など

御神徳

航海安全、交通安全、産業振興、開運招福

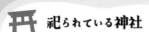

神名の「塩」は、「潮」を意味する海あるいは潮流のこと。海の道をよく知る神様として、困っている山幸彦を海の神様の宮殿へと導きました。日本書紀では「塩土老翁《しおつちおじ》」とも記されているように、物事をよく知る長老というイメージがピッタリの神様です。ちなみに「一書に曰く」には、山幸彦が罠にはまって苦しんでいる水鳥を解き放ってあげたことでシオツチが現れたと記されており、慈悲深い心に打たれて救いの手を差し伸べにやってきた翁という感じですね。

これが後に浦島太郎のモデルになったとも言われています。

そしてその知識量もやはり本物で、初代神武天皇が東征を決意したのも、シオツチに「東に良い土地があるぞ」と、東へ行くことを勧められたためとされているんです。

このように山幸彦や神武天皇を正しい方向へと導いたことから、「航海安全」や「交通安全」の御神徳があるのも納得。

物知り長老のシオツチに知恵を授けてもらい、良き道へ導いてもらいましょう。

ガガのワンポイントアドバイス

宮城県の鹽竈神社の社殿によれば、シオツチが国土平定の役目を担った鹿島の神（タケミカヅチ）と香取の神（フツヌシ）を案内して訪れたとされているぞ。役目を終えた二柱が帰ってもシオツチはその地に留まり、人々に海水から塩を作る製法を教えたというぞ。

さあ連いて来い。良き場所に導こう

カモタケツヌミ

賀茂建角身命／八咫烏

祀られている神社

賀茂御祖神社（下鴨神社）、
青海神社（新潟）、久我神社（京都）、
全国の賀茂神社など

御神徳

航空安全、交通安全、
開運招福、厄除開運

神武天皇が東征の折に、険しい山道で迷ってしまった時のこと。アマテラスの命を受けて三本足のカラス、八咫烏となって道案内をした神様と言えば想像しやすいでしょう。どんな険しい道でも安全に導いてくれるため、「航空安全」や「交通安全」、道を拓くということで「開運招福」の御神徳があるのも当然。今ではサッカー日本代表のエンブレムとしても、有名になりました。

この神様は造化の三神の一柱、カミムスヒの孫とされ、山城国に住む神様として賀茂県主《かものあがたぬし》の祖となったとされています。「山城国風土記」によれば、娘であるタケタマヨリヒメ（建玉依比売命）は、丹塗りの矢に変化したオオヤマクイとの間にカモワケイカヅチ（賀茂別雷命）を生んだとされています。これが賀茂別雷神社（上賀茂神社）の主祀神であり、その母タケタマヨリヒメと祖父カモタケツヌミが賀茂御祖神社（下鴨神社）に祀られているんですよ。

京都最古の歴史を持つ賀茂神社（賀茂社）は、親子三代にわたって人々を見守ってくれています。

ガガのワンポイントアドバイス

熊野三山では、神様の使いとして八咫烏が信仰されているぞ。三本の足はそれぞれ、天（天神地祇）・地（自然環境）・人を表しているとされ、神様も自然も人間もすべて区別のない兄弟のような存在であることを表しているのさ。進路に迷ったら、参拝するといいがね。

第7章

古代の天皇に連なる神様

私が日本最初の天皇です。いやー苦労したわ

カムヤマトイワレビコ

神倭伊波礼毘古命／神武天皇

祀られている神社

橿原神宮（奈良）、宮崎神宮（宮崎）、
寶登山神社（埼玉）など

御神徳

国家安寧、開運招福、
延命長寿、厄除開運

アマテラスの血を引き、神様の歴史から人間の歴史へと橋渡しした建国の祖。それが初代神武天皇です。とはいえ、彼がすんなり天皇の座に就いたわけではありません。天孫ニニギのひ孫として生まれたのは4人。順にイツセ（五瀬命）、イナヒ（稲氷命）、ミケヌ（御毛沼命）、カムヤマトイワレビコでした。つまり彼は4人兄弟の末っ子。古事記では長兄イッセと共に東征へ旅立ちますが、志半ばで兄は亡くなったとされています。日本書紀によれば他の二人の兄も、同じく旅の途中で亡くなったことが記されているので、たった一人生き残った彼が天下を治めることになったわけです。

宮崎を旅立ってから各地で土着の神々との死闘を繰り広げながら進軍。途中、兄を失う悲劇に見舞われますが、熊野からはアマテラスが派遣してくれた八咫烏の道案内もあって吉野へ入り、そこから畝傍の橿原宮に至ることができました。戦いの中でも、アマテラスがタケミカヅチの剣を降ろすなど救いの手を差し伸べています。

その甲斐あってようやく初代神武天皇として即位、ついに日本国が誕生したのでした。

ガガのワンポイントアドバイス

神武天皇が即位した年を元年とする暦を「皇紀」と言う。令和6年（2024年）なら皇紀2684年となる。これは現存する世界最古の王朝としてギネス記録にもなっているぞ。2位のデンマークの王朝との差も400年以上あるのだから、日本という国の歴史がいかに長いかわかるだろう。

お父さん、あなたに愛して欲しかった

ヤマトタケル

倭建命

祀られている神社

熱田神宮（愛知）、大鳥神社（大阪）、建部大社（滋賀）、全国の白鳥神社など

御神徳

国家安寧、立身出世、必勝祈願、商売繁盛

第12代景行天皇の息子として生まれたものの、子どもの頃から怪力でたくましく、ある日勢い余って兄を殺してしまいます。そんな息子に恐れを抱いた父は、彼を遠ざけようと討伐隊と称し、ろくな武器も部下も付けずに強い部族の征伐に向かわせます。それでも父に認められたいヤマトタケルは、西のクマソタケル（熊襲建）兄弟を討伐して凱旋します。

しかし今度は、休む間もなく「東へ行け」と命令されると、さすがに鈍感なヤマトタケルも父の意図に気付き始めます。実際、旅の道中に伊勢神宮にいる叔母ヤマトヒメ（倭比売命）を訪ねると「父は私に死んでほしいのでしょうか？」と涙を流して訴えていますから。叔母はそれを哀れに思い、草薙剣を授けたのです。

その後も妻オトタチバナヒメを失うという悲劇に襲われながらも進軍を続けましたが、伊吹山の敵を倒しに行くときに草薙剣を置いていくという油断を犯し、やられてしまいます。そして最後は遠ざかる意識の中、故郷を思う歌を歌いながら生涯を閉じたのです。その魂は白鳥となり、大空へ飛び立っていったと言います。

ガガのワンポイントアドバイス

彼はもともとオウス（小碓命）と呼ばれていたのだが、クマソタケル兄弟を倒したことで、「倭の勇敢で猛々しい人」を意味するヤマトタケル（倭建命）という名をもらったのだよ。とはいえその時の戦いでは相手に油断させるために女装して近づいて襲ったのだから、大変な策士だがね。

添い遂げましょう。好きな男のためならば

オトタチバナヒメ

弟橘比売命

祀られている神社

走水神社（神奈川）、橘樹神社（千葉）、
吾妻神社（神奈川）など

御神徳

厄除開運、開運招福、
良縁成就、立身出世

日本の神様の物語を語る上で避けては通れない悲劇のヒロイン、それがオトタチバナヒメです。愛する者のために自分が身代わりになって命を捧げる。神様の世界にも、そんな悲しい物語がありました。ヤマトタケルは、父・景行天皇に愛されるため必死に無理な旅を続けました。

妻となったオトタチバナヒメは、愛情を知らない夫のために精いっぱいの愛情を注ぎ、献身したことでしょう。けれど悲しい流れは止められません。ヤマトタケルが箱根を越えて、房州（現在の千葉県）に渡ろうと舟を漕ぎだした時のこと。突然海が荒れ狂い、舟が沈みそうになってしまいます。その時に妻オトタチバナヒメが、「このままでは全滅してしまいます。私が人柱となり、海の神の怒りを鎮めましょう」

そう言うと海に身を投げ、海中へと消えていったのです。すると先ほどまで荒れ狂っていた海は嘘のように静まり、ヤマトタケルは無事に海を渡ることができたのです。彼女が身を投げた走水の海は今、穏やかな顔を見せてくれています。

ガガのワンポイントアドバイス

愛する妻を失ったヤマトタケルの悲しみは如何ばかりであったか。その後、彼は妻の御陵を造り、浜に流れ着いた妻の櫛を納めて祀ったという。その場所が千葉県茂原市に鎮座する橘樹神社と言われている。このような悲劇を繰り返さぬために、彼女は今も人々を見守ってくれているのだよ。

寝ているところを、突然神に起こされまして

タカクラジ

高倉下

祀られている神社

彌彦神社（新潟）、高倉神社（三重）、
高座結御子神社（熱田神宮境外摂社）など

御神徳

倉庫守護、産業振興、
農業繁栄、開運招福

神武天皇が東征した時のこと。敵の抵抗を受けて熊野へ迂回したのですが、目の前に熊が現れるとその毒気にやられ、一行は次々に気を失ってしまいました。

その絶体絶命のピンチに颯爽と現れたのがタカクラジです。彼は片膝をついて恭しく大刀を献上すると、天皇は目を覚まされ「長く寝ていたようだ」と、のんきなひと言。そして差し出された大刀を手に取ると、荒ぶる神々を斬り倒したのです。なんとカッコいい登場シーンでしょう！

ちなみにその時に献上した大刀は古事記ではサジフツ（佐士布都神）と呼ばれ、石上神宮（奈良）の神と記されています。タケミカヅチが用いた剣ということで、香取神宮のフツヌシと同一神、もしくは荒魂と和魂の関係にあるとも言われています。

また、神名に「倉」が付くように穀物を貯蔵する倉を守る役目もあるとされています。三重県伊賀市にある高倉神社では、倉庫や物流に関わる人たちが集まって安全と繁栄を祈願しています。

ガガのワンポイントアドバイス

実は彼は、天孫ニニギの兄弟であるニギハヤヒ（邇芸速日命）の息子アマノカグヤマ（天香山命）が地上に降りた後の姿とも言われている。つまりアマテラスのひ孫だ。越の国（現在の福井県から山形県付近）平定の命を受けて日本海を渡り、漁業や製塩、酒造などの技術を伝えたという。

ママのお腹にいた時から戦ってます

応神天皇

八幡様

祀られている神社

宇佐神宮（大分）、鶴岡八幡宮（神奈川）、石清水八幡宮（京都）、全国の八幡神社など

御神徳

国家安寧、必勝祈願、子孫繁栄、産業振興

第14代仲哀天皇と神功皇后の間に生まれた皇子であり、即位前のホムダワケ（品陀和氣命／誉田別尊）の名で語られることも多い天皇です。

父、仲哀天皇が御神託を無視したことで崩御してしまい、代わりに神功皇后がその役目を果たすことに。なんとお腹に応神天皇がいた状態で三韓征伐を成し遂げます。そのため、胎児でありながらも勝利に導いた御神徳を称えて、「胎中天皇」とも称されています。

特に八幡大菩薩と習合して「八幡様」となってからは、天皇家を祖とする清和源氏が氏神としたこともあって大ブレイク！　多くの武士たちが「武勇の神様」として信仰するようになって全国へと広がっていったのです。神社本庁が平成2年から7年かけて傘下の神社を対象に実施した「全国神社祭祀祭礼総合調査」によれば、八幡信仰に関わる神社が一番多く、7817社もあることがわかります。

このような歴史を踏まえて全国の八幡神社では、応神天皇と神功皇后が一緒に祀られていることが多いのです。

ガガのワンポイントアドバイス

126代におよぶ天皇の諡号《おくりな》（天皇の崩御された後に付けられる呼び名）の中で、「神」が付くのは初代神武天皇と第10代崇神天皇の他には応神天皇だけなのさ。それだけ功績の大きな天皇と言えるだろう。応神天皇の時代をもって国家として確立されたという見方もあるほどだ。

口に出してね。言わないとわかんないから

ヒトコトヌシ

一言主大神

祀られている神社

葛城一言主神社（奈良）、
一言主神社（茨城）、土佐神社（高知）など

御神徳

心願成就、厄除開運、
開運招福

一言主の登場は第21代雄略天皇時代です。天皇一行が山で狩りを楽しんでいると、まったく同じ姿形の一行が出現。驚いた天皇が「名を名乗られよ」と問いただしたところ、

「我は悪いことも良いこともすべて一言で言い放つ一言主大神である」

と高らかに宣言したことで葛城山の神様だと気付いたのです。そして天皇は非礼を詫びて自分たちの太刀や弓矢、着物まで脱いで献上しました。喜んだ一言主大神は天皇一行を山の峰から麓まで送ってくれたと言います。

その光景を思い浮かべると、ずっとついてくる神様というのも微笑ましく感じます。まさか神様に「ここまででいいから帰って」とは言えませんしね。

それだけ無邪気で人好きなイメージのある神様ですが、日本霊異記によれば第50代天武天皇の御代に、役行者に使役される立場で登場していざこざを起こしています。仕事が嫌でサボっては罰を受け、最後は呪術で縛られてしまうのですが……なんというか、放っておけない神様です。

ガガのワンポイントアドバイス

もともとは吉凶を一言で言い放つ宣託神と言われている。物語の中でも非常に個性的で憎めない神様として登場しているな。今では「一言の願いであれば何でも聞いてくれる神様」として、「一言《いちごん》さん」と親しまれ古くから信仰されてきたのだよ。願い事は一言で言えるようにして行くがね。

今夜の献立どうしようかしら

トヨウケ

豊宇気毘売神

祀られている神社

豊受大神宮（伊勢神宮外宮）、芝大神宮（東京）、比沼麻奈為神社（京都）など

御神徳

五穀豊穣、産業振興、商売繁盛、農業繁栄

豊受大神宮（以下、外宮）に祀られている女神です。地元では「外宮さん」として親しまれ、皇大神宮（伊勢神宮内宮）に祀られるアマテラスの食事のお世話をする神様として知られています。

そんな食物の女神が最初に登場したのがイザナギとイザナミが神様を生むくだりです。イザナミの尿から穀物の神ワクムスビが生まれたところに「この神の子は、豊宇気毘売神《とようけびめ》と謂う」と書かれており、この時点ですでにアマテラスの食事係という重要な役割を持つ神様であることの伏線があったと言えるでしょう。

そんな二柱の出会いは、外宮にある「止由気宮儀式帳」に記されています。第21代雄略天皇の夢にアマテラスが現れて「一人じゃ寂しいぞ。食事の世話をしてくれる女神を丹波より連れてまいれ」と命じたのです。そこで白羽の矢が立ったのがトヨウケです。外宮で毎日朝夕行われるお食事の儀式は、もう1500年以上も欠かすことなく続けられています。アマテラスとのお約束はこうして守り続けられているのです。

ガガのワンポイントアドバイス

トヨウケは天の羽衣伝説の天女のモデルでもあるがね。丹波風土記に描かれる羽衣伝説によれば、酒造りも上手でその酒を飲めばどんな病気も治ったと言われているのだよ。食を通じて人々を幸福にする女神ということだな。

第8章

古事記・日本書紀以外の神様

ご利益は臨機応変に

菅原道真

祀られている神社

北野天満宮（京都）、太宰府天満宮（福岡）、全国の天満宮、天神社、北野神社など

御神徳

農業繁栄、受験合格、学業上達、厄除開運

かつて日本では、非業の死を遂げた人物は厄災を起こす「御霊」になると言われ、その祟りを鎮めるために御霊神として手厚く祀りました。その代表的な神様が菅原道真です。

彼はもともと官位で第3位となる右大臣にまで上り詰めた優秀な男でしたが、謀略によって左遷され死にました。その後、左遷に関わった人物が相次いで謎の死を遂げたり、度重なる厄災に見舞われたことで「道真の祟り」と恐れられ御霊神となりました。死後35年後に起きた平将門の反乱さえも、道真の怨霊のせいという説までであったほどです。

しかし、ここからが道真公の真骨頂！　最初は雷神として祀られる「雷除けの神様」でしたが、避雷針が普及して注目度が下がると、今度は雷雲が雨を降らして「農業の神様」となりました。寺子屋が普及すると「書道の神様」に変化し、それが衰退して学校で受験というものが重要視され始めると、自らの役目を「受験の神様」へとシフトさせて今に至ります。御霊神から、調子よく……いえ、時代の流れに沿ってご利益を広げていった柔軟な神様なのです。

ガガのワンポイントアドバイス

平将門、崇徳天皇と並んで日本三大怨霊と恐れられたが、今や「天神さま」と愛され全国の受験生をサポートする自在性はまさに日本の神様ならではだな。「誕生日」「左遷された日」「亡くなった日」がすべて「25日」だったことで、毎月25日は道真公の縁日となっているぞ。

恨みつらみで神上がり

平将門

祀られている神社

神田明神（東京）、国王神社（茨城）、
築土神社（東京）など

御神徳

必勝祈願、武運長久、
厄除開運、商売繁盛

菅原道真と並んで日本三大怨霊として恐れられたのが平将門です。

彼はもともと平安京を開いた第50代桓武天皇の5世子孫にあたる血縁で、関東一帯を領地とする豪族でした。その将門が自らを「新皇」と称し坂東8か国の独立を宣言。中央の支配に不満を抱いていた東国の民衆からは大人気、まさに英雄でした。しかしそれを朝廷が許すはずもなく、派遣された下野の豪族、藤原秀郷に討たれ「御霊」となったのです。

そんな将門に御霊神として守ってもらおうと考えたのが、江戸幕府を開いた徳川家康でした。将門の首塚は現在、江戸城の玄関である大手門正面に位置していますが、実は家康が入城する以前は大手門は別の場所にあったのです。それをわざわざ首塚の位置になるように移動させ、江戸城の守護神としました。それに加えて、江戸と全国を結ぶ五街道それぞれの出入り口には将門の身体各部位を祀った神社を配し、江戸に侵入する悪鬼を封じたとされています。ちなみに神田明神には、胴体が祀られています。東京に行く時は、僕も参拝していますよ。

ガガのワンポイントアドバイス

例年、大河ドラマの出演者は成田山新勝寺で節分の豆まきを行うが、1976年の平将門を描いた「風と雲と虹と」の出演者はこれを辞退した。なぜなら新勝寺は、平将門討伐を祈願した場所だからだ。これも神様へのマナーだな。諸君もこれらの寺社の同日参拝は避けるといいぞ。

天下を取れば神にもなれた

徳川家康

祀られている神社

日光東照宮（栃木）、久能山東照宮（静岡）、全国の東照宮など

御神徳

開運招福、国家安寧、立身出世、必勝祈願

徳川幕府を開き、264年もの徳川の世を築いた開祖は、今もなお全国にある東照宮の神様として人々を守ってくれています。

平将門の頁でもご紹介したように、神様のことを熟知していた家康は、自らの死にあたって次のような遺言を残していたのです。

「遺体は駿河の久能山に葬り、葬儀は江戸の増上寺で行い、位牌は三河の大樹寺に納め、一周忌が過ぎたら日光山に小堂建てて勧請すること」

ここで、「勧請」という言葉が確認できますが、これは神様の御分霊を迎え祀ることを意味しています。

この時すでに、自分が神様となり国の行く末を見守るつもりだったのでしょう。家康公のように武功によって神様になった人物を「武将神」とも言います。

この経緯もあり、御遺体を埋葬した久能山（日光に移したとの説も有り）と、その御分霊を勧請し祀った日光の2か所が、徳川家康を祀る東照宮の本宮とされています。

ガガのワンポイントアドバイス

神号の「東照大権現」は家康逝去の年に朝廷より宣下されたものだが、その際、「東照」の他に「日本」「威霊」「東光」の案も示されたという。その中で「東（江戸）から人々を照らす」という意味の東照を選んだのだ。江戸を切り拓き、首都「東京」の礎を築いた誇りが感じられるな。

和気清麻呂

その話、待った！　乗っ取りを防いで、皇室を守った男

祀られている神社

護王神社（京都）、御祖神社（福岡）、和気神社（岡山）など

御神徳

国家安寧、無病息災、病気平癒、厄除開運

シンプルに言えば、「皇室を守った忠臣」という表現が相応しい人物です。

その昔、第48代称徳天皇の寵愛を受けた道鏡《どうきょう》という僧侶がいました。彼はあろうことか天皇の座を狙い、宇佐八幡宮にて「道鏡を天皇にすれば天下は太平である」との御神託があったと報告します。それに「ほんとか？　胡散くさいな」と疑問を抱いたのが和気清麻呂《わけのきよまろ》でした。彼は改めて御神託を仰ぐことを提案し、「無道の者はよろしく早く掃除すべし」との言葉を持ち帰ります。こうして道鏡の嘘を暴き、目論見をつぶすことに成功（宇佐八幡宮神託事件、要するに皇室乗っ取り未遂事件）、天皇家がアマテラスの血筋以外へ継承される危機を救いました。

しかし権力を握っていた道鏡が黙っているはずがありません。すぐに彼を大隅国（現在の鹿児島県東部）に左遷すると命を狙ったのです。

しかし、その危機を救ったのが猪でした。突然天地雷鳴が轟き、３００頭もの猪の大群が現れて助けてくれたのです。その逸話から、和気清麻呂の創建した総本宮京都愛宕神社の神使は猪となったと言います。

ガガのワンポイントアドバイス

和気清麻呂は皇室を守った忠臣として後年、第121代孝明天皇より「護王大明神」の神号を贈られ現在も護王神社（京都）に祀られているのだよ。その功績は当時の日本人なら誰もが知るほどで、明治32年発行の10円札の肖像画にもなったのさ。裏面には彼を守った猪が大きく描かれていたぞ。

流して呑み込み、飛ばして消し去る

祓戸四神

瀬織津比賣、速開都比賣、氣吹戸主神、速佐須良比賣

祀られている神社

佐久奈度神社（滋賀）、日比谷神社（東京）、各神社の境内にある祓戸社など

御神徳

厄除開運、心機一転、全体運向上

神社へ行くと鳥居をくぐった参道の入り口や拝殿の手前などに、「祓戸社《はらえどしゃ》」という小さな社を目にすることがあります。そこは参拝前に穢れを祓ってくれる社であり、そこに祀られているのが祓戸四神です。

古事記や日本書紀での記述はなく、「大祓詞《おおはらえのりと》」にのみ登場する四柱の神様で、みんなで連携して僕たち人間の罪や穢れを祓ってくれるのです。

具体的には、瀬織津比賣《せおりつひめ》が「罪」「穢れ」「禍《まが》事《ごと》」を川から海へと流す。すると海の底で待ち受けていた速開都比賣《はやあきつひめ》が流れてきたその罪や穢れを一気に呑み込み、今度は氣吹戸主神《いぶきどぬしのかみ》が根の国、底の国にすべて息吹を放ってぶっ飛ばす。最後に、待ち受けていた速佐須良比賣《はやさすらひめ》がそれらを消し去ってくれる連携神なんですね。おもしろいでしょう？

人は知らず知らずに「罪」を重ね犯しています。その積み重ねでいつしか「穢れ」てしまい、「禍事」を引き寄せてしまうのです。祓戸四神の御神徳でそれらを消し去り、きれいな体で神社に参拝すれば願いごとが叶いやすい体質になるでしょう。

ガガのワンポイントアドバイス

古事記や日本書紀に登場せんからといって舐めたらいかんぞ。なぜなら、神社で年に2回（6月末、12月末）斎行される大祓神事では「大祓詞」が奏上され、祓戸四神に清浄な空間を作ってもらっているのだからな。そのおかげで諸君の願いが成就する確率もグンと上がるのだぞ。

九頭龍

こんにちは。龍神界の王者です

祀られている神社

戸隠神社九頭龍社（長野）、
箱根九頭龍神社（神奈川）など

御神徳

大願成就、金運向上、
商売繁盛、良縁成就

龍神は、神様に仕える眷属と言われています。そのため神仏習合の時代から、神様仏様を乗せている絵が多く見られるほど。しかし、この九頭龍だけは別格で、存在そのものが神様なのです。その証拠に、信濃国戸隠山の開山は天岩屋戸神話に由来し、アメノタヂカラオが天岩屋戸を投げ隠した地とされていますが、実はそれより以前から地主神として九頭龍大神が祀られていました。天台密教の図像集「阿娑縛抄《あさばしょう》」の中にも嘉祥二年（８４９年）の戸隠寺の記事に「九つの頭と一つの尾を持った鬼」と記されており、岩屋に入った後に読経して建立し、戸隠山と呼ぶようになったと言われます。これが戸隠寺の縁起であるとともに、戸隠山の開山伝承であるとすると、九頭龍が古事記の神々に先んじてこの地を守っていたことになるんですね。事実、明治以前の戸隠信仰を伝える「戸隠曼荼羅《まんだら》」には四柱の神々の姿と共に九頭龍大神と記された姿も描かれています。

日本では、「山の戸隠」（戸隠神社九頭龍社）、「海の箱根」（箱根九頭龍神社）の二大九頭龍が大きな力を持っていると言われています。

ガガのワンポイントアドバイス

我々龍神界のトップに君臨する神様だ。参拝に行く時は気合を入れて行くがよい！　ちなみに青森の十和田神社にも九頭龍伝説があってな。熊野で修行した南祖坊が九頭龍に変化して、人々を困らせていた大蛇を退治したという話だ。その後、青龍権現として祀ったのが始まりなのだよ。

あとがきの前に

「さあ、いかがだったかね？　奇想天外で人情にあふれた神様の世界を、堪能してもらえただろうか」

ガガがグイッと、大きな顔を突き出して聞いてくる。

「いやあ、すっごく楽しかったですよ！　コント感もあって、もう最高におもしろかったです。何より、まさかこれだけのボリュームで日本の神様を堪能できるなんて思いませんでした」

僕は大満足でスタンディングオベーションだ。そもそも古事記の神々だけでなく、祝詞に登場する祓戸四神や御霊神、皇室を守った英雄神まで詳しく学べる機会なんてなかなかない。「そうだろう、そうだろう」と顎髭をなでながらニンマリとするガガも、よほど手ごたえがあったらしい。

「お世辞じゃなくおもしろかったわ。私はアメノサグメとアメノオシホミミに笑っちゃった。ってか、こんな神様いるの？　人間くさいわーって思いながら聞いてたもん」

「だよねー。確かに人間くさいよ」と、僕も妻に同意する。神様が神様をたぶらかしてタブーを犯させるとか、面倒ごとからのらりくらりと逃げるような、まるでどこかの会社にいるダメダメ社員みたいな神様までが、ちゃーんと「私も一応神なんで」と、祀られているんだから日本って国は、まあユニークですごい。

「タカさんワカさん。それはですね、人や動物、そして物にも無意識の敬意を持つ日本人特有の感性からきているのですよ」

穏やかに笑いながら、黒龍が語りかけてきた。

「感性？　なるほど、確かにその通りかもですね。外国から仏教が入ってきた時さえ、おおらかな気持ちで受け入れた歴史が日本にはありますし」

いわゆる神仏習合である。僕の氏神さまである仙臺総鎮守愛宕神社も、かつて誓願寺というお寺で祭祀を執り行っていて（これを別当寺という）、普賢菩薩を祀っていた歴史があるほどだ。

「タカさん。信仰に歴史ありか……僕が感慨に耽っていると、

「タカさん。そこまで難しく考えなくとも、もっともっと身近にもそれは生きているのですよ。そう、例えば……」

そう言って黒龍は僕の手元にある本を指さし、「その本はどこで買いましたか？」と聞いてきた。

「本？　これは駅前の本屋さんで買いましたけど……」

意味もわからず僕が答えると、

「ではキッチンに飾ってあるお花は？」

「近所の花屋さんだけど？　春だから柔らかいカラーでアレンジしてもらったのよ」とワカ。

「ではでは、タカさんが今夜のために冷やしているお酒は？」

「そりゃ酒屋さんで……」

僕たちの答えを聞きながら黒龍は、意味深に笑った。

「まだお気付きになりませんか？　本屋さん。花屋さん。酒屋さん。これらはすべて人でも動物でもありません。ただのお店です。ではなぜそこに敬称である『さん』を付けるのですか？」

ハッとする。僕とワカは思わず顔を見合わせた。そんなこと考えたこともなかったからだ。昔から当たり前のこととして、本屋さんとかお花屋さんとか「さん」の敬称を付けていた。自分だけでなく、周りの人たちもみんな……。

「それってきっと無意識なのよね。万物に魂が宿る、命があると考える日本人の気持ち。いわゆる八百万の神々の精神みたいな感じだと思う」

「その通りです」

ワカの答えに黒龍が笑顔で答える。

「日本人は知らず知らずのうちに、身の回りのものすべてがあたかも生きているかのような対応をしているのですよ。日本人特有の『もったいない』という言葉も、そこに息づいているものがあると、どこかで感じているからこその感覚だと私は思うのです」

確かにこれは盲点だった。僕も当たり前のように使っていた「さん付け」だけど、ここまで心の中に日本の神様の精神が根付いていたとは……。それに、

「考えてみれば、その先にはちゃんと神様がいるんですよねえ」

僕は気が付いた。ここまで神様の世界を学んできて、気が付いてしまった。それを思ったまま口に出してみる。

「本屋さんには知識の神様オモイカネが、花屋さんには美しいコノハナノサクヤヒメが、酒屋さんには酒の神オオヤマクイが、という感じに僕たちの周りには常に神様がいらっしゃる。それをどこかで感じているからこそ、お店にさえも敬意を払い、親しみを込めて『さん付け』してしまうんじゃないでしょうか」

どんどん生まれた神様はきっと、この日本中にちらばっている。神社だけでなくありとあらゆる場所に、神様はいる。

「エッヘン！　人間がそれに気付いてくれればいいのだよ。まあ、我の言ったことを忘れぬようにしたまえよ」

ガガの言葉に、「いや、あなたはほとんど説明していませんけど……」という言葉が出かかったが、すんでのところで食い止める。いけないいけない、ニニギのように余計なことは言わないに限るのだ。口は禍のもと、心の内に留めておくのがいい。そう思って僕が口元を押さえていると、

「おや、タカさん。何やら言いたいことがおありですか？　そんな時は、一言ですべてを言い表す一言主においで頂きましょうか？」

黒龍がニヤリと笑った。

「いや、それよりタカには邪心がありそうだからな。よろしい、この本の第1章の最後（31頁）に掲載した『祓詞』を読者の諸君と一緒に唱えて、タカの邪心を祓ってやろうではないか。神様のことを理解した今ならば、諸君の唱える祝詞の効果もグンと上がっているはずだからな。邪心の塊であるタカが消え去ってしまわぬことを祈っているがね」

ガハハハ……とガガが大きな笑い声を上げる。ワカと黒龍もおかしそうに笑った。

「じゃ、邪心の塊って？　ちょっと待って！　ほんとに消えたらどうしてくれるんですかあー。本書けないって、もう！」

と、僕は半ベソで訴える。

祓戸四神に祓われてなくならないように……できる限り清い心でいよう。

僕はそう心に誓った……。

今度こそ本当にあとがき

改めましてタカこと、小野寺S一貴です。

あ、いる？　ちゃんといますよね、僕。

ふぅー、よかった！　なんとか消し去られずに済んで、心からホッとしております。

このたびは、日本の神様の世界を楽しんで頂けましたでしょうか？　文中にも書きましたが、日本書紀には「一書に曰く」という文章がたくさん出てきます。これは、「こんな説もあるよ」とか「他の人はこう言ってます」「別の本ではこんな話もあるんですけどね」という、いわゆる別の説を説明している部分になります。これが日本の神話のおおらかさであり、日本人の優しさなんじゃないかと思うのと同時に、とても好きな言葉なので、今回この本のタイトルにしました。

最近では「正論」とか「論破」という言葉が流行り、自分の考えこそが正解だ、正しいことはひとつしかないという風潮が強まっているように感じます。そこから対立が生まれ、お互いを批判し合う空気が醸成されている。そこにSNSの流行が加わるとまた厄介。少しでも相手の意見が気に食わないと批判や誹謗中傷を書きなぐる、恐ろしいことにそれが誰にでもできてしまう。この今どきの空気に、僕はなんだかグッタリしてしまうのです。

だけど、そんな空気をあざ笑うかのように、日本の神様はそれはそれはいろんな説を持っていました。最初に現れた神様が違っていたり、食物の神を殺したのがスサノオかと思ったら、実はツクヨミというお話が出てきてそれが原因でアマテラスと仲たがいして昼と夜に分かれたとか。もう、ありとあらゆることに様々な説がある。数多の答えが存在します。

しかもビックリするのが、これが正式な漢文で書かれているということ。日本書紀が完成した720年といえば、外国といえば中国であり、漢文が最もグローバルな言語だった時代。ということは、日本書紀は国が認めたグローバルな歴史書という位置付けになるわけです。そんな重要な書物に「こんな説もあるよ」と、堂々と書いているのは世界広しといえども、我が日本くらいでしょう。

だからこの本を書く上で、「一書に曰く」に記された物語も、ふんだんに盛り込んでみました。いろんな可能性がある方が、想像する余白が大きくなって楽しいから。それが日本人にとっての神様なんじゃないかと信じているからです。

今回の『シン日本の神様入門　一書（あるふみ）に曰く』は、そんな楽しさと想像の世界を作りたくて、売れっ子の高田真弓先生に無理を言って、たくさんのイラストを描いてもらいました。本当は、昨年シリーズ7作目で終了した『龍神の教え手帳』で描いた神様のイラストを1年で終わらせるのがもったいなくて、「せっかくだから、そのイラストを使って1冊神様本を作っちゃおうぜ！」とライトな感じで始まった企画だったのですが、どんどん欲が出てしまい、想定を超える数の新規イラストが必要になったわけで……。高田先生、ゴメンなさい。

だけど後悔してません。おかげで最高の作品ができたと思っていますのでね。

一緒に頁をめくってくれた皆さんにも、そのように感じてもらえていたらとても幸せです。これこそ著者冥利に尽きるというもの。

そして皆さんの人生にもこれから「一書に曰く」に記される、大きな希望と喜びが加わることを願い、御礼に代えさせて頂きます。

皆さん、どうぞ日本の神様と共に、健やかで良き日々をお過ごしください。

この本を手に取ってくださり、ありがとうございました。

僕にとって、皆さんはまさに八百万の神様。

心より、御礼申し上げます。

令和6年春　小野寺S一貴

参考文献

『古事記』倉野憲司校注（岩波文庫）

『日本書紀（一）』坂本太郎、家永三郎、井上光貞、大野晋校注（岩波文庫）

『日本書紀（二）』坂本太郎、家永三郎、井上光貞、大野晋校注（岩波文庫）

『日本書紀（三）』坂本太郎、家永三郎、井上光貞、大野晋校注（岩波文庫）

『古事記』（日本の古典をよむ1）山口佳紀、神野志隆光著（小学館）

『日本書紀 上』（日本の古典をよむ2）小島憲之、直木孝次郎、西宮一民、蔵中進、毛利正守《校注・訳》（小学館）

『日本書紀 下　風土記』（日本の古典をよむ3）小島憲之、直木孝次郎、西宮一民、蔵中進、毛利正守、植垣節也《校注・訳》（小学館）

『出雲国風土記』全訳注萩原千鶴（講談社学術文庫）

『日本霊異記』原田敏明、高橋貢訳（平凡社ライブラリー）

『役行者ものがたり』銭谷武平著（人文書院）

『日本の神様読み解き辞典』川口謙二編著（柏書房）

『日本神話辞典』大林太良、吉田敦彦監修（大和書房）

『古事記と日本の神々がわかる本』吉田邦博著（学研）

『古事記ゆる神様100図鑑』松尾たいこ著、戸矢学監修（講談社）

『よくわかる日本の神々』鎌田東二監修（東京美術）

『現代語古事記』竹田恒泰著（学研）

『古事記完全講義』竹田恒泰著（学研）

『決定版 日本書紀入門』竹田恒泰、久野潤著（ビジネス社）

『「日本の神様」がよくわかる本』戸部民夫著、細谷敏雄監修（PHP研究所）

『完全ビジュアルガイド 日本の神様大全』（廣済堂）

『なぜ八幡神社が日本でいちばん多いのか』島田裕巳著（幻冬舎新書）

『戸隠の鬼たち』国分義司著（信濃毎日新聞社）

『戸隠信仰の歴史』（戸隠神社）

『日本の神さまから拝借しちゃう人生のルール』小野寺S一貴著（大和書房）

『龍神の教え手帳』シリーズ、小野寺S一貴著（扶桑社）

索引

あ行

か行

さ行

た行

な行

は行

ま行

や行

わ行

小野寺S一貴（おのでら えす かずたか）

作家・古事記研究者、1974年8月29日、宮城県気仙沼市生まれ。仙台市在住。山形大学大学院理工学研究科修了。ソニーセミコンダクタにて14年、技術者として勤務。東日本大震災で故郷の被害を目の当たりにして、政治家の不甲斐なさを痛感。2011年の宮城県議会議員選挙に無所属で立候補するが惨敗。その後「日本のためになにができるか？」を考え、政治と経済を学ぶ。2016年春、妻ワカに付いた龍神ガガに導かれ、神社を巡り日本文化の素晴らしさを知る。著書『妻に龍が付きまして…』、『龍神と巡る 命と魂の長いお話』、『やっぱり龍と暮らします。』『妻は見えるひとでした』『うしろのおしず 龍と姥神』など著作累計は累計35万部のベストセラーに。現在も「我の教えを世に広めるがね」というガガの言葉に従い、奮闘している。

ブログ 「小野寺S一貴　龍神の胸の内」 https://ameblo.jp/team-born/

メルマガ 「小野寺S一貴　龍神の胸の内【プレミアム】」（毎週月曜に配信）
https://www.mag2.com/m/0001680885.html

STAFF
イラスト　　：高田真弓
装丁デザイン：渡邉民人（TYPEFACE）／ 本文デザイン：森岡菜々（TYPEFACE）
校正・校閲　：小出美由規

シン日本の神様入門 {一書に曰く}

発行日　　2024年5月5日　初版第1刷発行

著　者　小野寺S一貴
発行者　小池英彦
発行所　株式会社 扶桑社
〒105-8070
東京都港区海岸1-2-20　汐留ビルディング
電話　03-5843-8843（編集）　/　03-5843-8143（メールセンター）
www.fusosha.co.jp

印刷・製本　タイヘイ株式会社 印刷事業部

　ISBN 978-4-594-09732-5